饮食文化

王劼 著

民俗山西

MINSU SHANXI

杨茂林 主编

序

《左传·僖公二十八年》:“子犯曰:‘战也。战而捷,必得诸侯。若其不捷,表里山河,必无害也。’”

杜预　注:“晋国外河而内山。”

瞧这一片南北狭长的地带,地势由东北斜向西南逐渐下沉,里里外外分布着高山大河,几乎把山西全境给围了起来,造就了山西典型的黄土高原景致:一望无际覆盖的黄土,一览无余广布的山脉,几乎是山峦叠嶂、岭谷纵横,丘陵起伏、沟壑遍野,不乏险峻幽深,不缺粗犷雄秀,山色不同、神态各异,干旱少雨、四季分明。数千年来,我们的祖先一辈一辈生活在这里,自给自足,繁衍生息,同这块属于温带大陆性季风气候的土地相存相生相斗相融,把这里耕耘成了北方地区较为适合人类居住的地方。我一直认为,这个区域就是大自然的能量和人类的力量结合得最完美和最充分的地方之一。

一

东是巍峨雄伟的太行山脉,诸多名山从东北倾西南构成系

列山地，恒山、句注山、五台山、系舟山、太行山、太岳山、王屋山、中条山呈“多”字形延展，雄浑壮阔、不同凡响，不仅是黄土高原的东界，而且是中国地形第二阶梯的东缘。这里地势险要，山高林密，河川交织，干旱少雨，山间存在着不少沉降盆地。上党盆地周边群山环绕，清漳河、浊漳河汇流此地，平畴绿野，嘉禾郁郁，涓涓细水，成河飞流，泽州盆地周围皆山，中部平坦，丹河、沁河流穿其间，森林茂密，水源富集，岩洞奇绝，瀑布垂练，都是一派自然天成、引人入胜的景色。其南端主要是中条山脉，其中历山北倚汾渭地堑，南临黄河谷地，山势陡峭、山丘众多，气候温暖、雨量充沛；中条山兀立于运城盆地和黄河谷地间，陡峰深谷、层峦叠翠，丛林荫蔽、草甸丰美，适宜人类繁衍生息。太行山脉是我们祖先最早出现的地区之一，早在 180 万年前，远古人类就开始在这里活动，历经旧石器和新石器时代，留下了人类起源和社会演进的诸多轨迹，如曾经在北部山麓地带狩猎为生的许家窑人，在中部东麓过着原始定居生活的磁山人，在南边过着刀耕火种采集狩猎群居生活的下川人，还有离我们更近的、已经步入青铜时代的东下冯人。是这片古老广袤厚实的土地，以及生活在其上的粗犷淳朴勤劳的先人，一起创造共享传承了丰富多彩、恢弘大气的中华文明的历史篇章。

西是覆盖深厚黄土的吕梁山脉，自东北向西南横亘着七峰山、洪涛山、管涔山、芦芽山、云中山、黑茶山、关帝山、紫荆山、龙门山等断块山地，宛如一条脊梁，中间隆起两边低延。从西坡看，吕梁山地向黄河谷地延伸，整体上东高西低，黄土广泛覆盖，受季风影响，气候干旱温暖，丘陵众多，墚峁成群，沟壑纵横，间有台垣盆地，地形支离破碎；从东坡看，黄土断续分布，山多坡广川少，气候湿润寒冷，有土石山区、黄土丘陵、沿川河谷，有高山峻岭、高山草甸、高山天池，也有寒温带针叶林、温带针阔叶混交林、暖温带阔叶林。吕梁山脉也是我们祖先较早活动的区域，从旧石器时代起就有人类生存，吉县柿子滩遗址有中国历史上最早的“火塘”遗迹，到新石器时代，人类活动更加频繁，成为沟通中原和西部地区交往的重要纽带。吕梁山是个很奇特的地方，自然条件恶劣、生存环境艰苦，但数千年来，我们的祖先与天斗、与地斗，开创了适合自身的生产生活方式，成就了代代相传、生生不息的人类传奇。

两山之间则是一连串狭长的台阶式下降的断陷盆地，由东北向西南依次延伸，大致连成一条飘动的走廊，土地平坦，聚水避风，流淌着多条非常重要的河流，省域内数百处石器时代人类文化遗址几乎全部分布在这些河流两岸的台地与山前丘陵

地带上。大同盆地在省域北部，是北方之门户，边缘山地丘陵，留有多座火山，桑干河从中流过，两岸地势平坦宽广。至少约2.8万年前，在旧石器时代晚期，峙峪人就在这里繁衍生息。下来就是省境中部偏北的忻州盆地，有高山环绕，还有洪积平原发育的滹沱河上游谷地和地势平坦的忻定盆地。旧石器时代中期这里就出现了人类劳动，新石器时代更是广泛聚居着属于仰韶文化和龙山文化类型遗存的原始部落。太原盆地在省域中部，东西与山地相接，盆地由北东向南西延展，汾河中游穿过，土地宽阔肥沃。盆地边缘环绕着黄土台地和黄土丘陵，在仰韶时期就有人类活动，到了龙山时期，先人则出现在平原周边稍高的地方。往南过霍山口是临汾盆地，至侯马折向西，东西以大断层与山地相接，汾河下游穿经流入黄河，土壤肥沃，气候温暖。晚更新世早期的“丁村人”就在这里生活繁衍，过着采集狩猎的集体生活。作为山西新石器时代早期的枣园稼穑，就折射出先民早期的农业活动情况。陶寺文化更是标志了文明社会的到来，农耕成为养育先民的基本的生产生活方式。最后是运城盆地，省域西南部一个强烈的沉降盆地，盆地内多河湖堆积，涑水河由东北向西南流入黄河，四季分明、无霜期长。这里留存有很多旧石器时代至龙山文化晚期遗迹，是寻找夏文化源头的重要区域。

世界上很少有自然环境如此艰苦，人类的生命力又如此顽强生长、旺盛充沛的地方。我深切感到，这片土地非常慷慨，对一切已经发生、正在发生以及将要发生的都悉心收纳，从不推诿放弃，不会让任何劳动没了收获，至迟从130万年前开始，就以兼爱无私的博大胸怀，无怨无悔、不离不弃地养育了一代一代命运多舛、抗争不息、勤劳不怠、淳朴诚实的先民，留下了女娲造人、精卫填海、后羿射日、愚公移山等感人故事；而先民对自身价值的发现，对文明社会的探索，都来自身下这片土地，他们不断窥探自然的奥秘，挖掘生活的价值，调节社会的关系，忍耐痛苦的折磨，享受人生的快乐。凡此种种，经年累月，就在山西这样一个相对封闭的区域内，长出了富有特色的民俗文化，流出了含蓄而奔放、凄美而热烈的山西故事。我经常想，只有深刻了解了这片土地及其上的所生所长，人们才能进一步认识到，这个世界上多灾多难的古老民族，为何能一路走来、生生不息！

的确，自先民最早踏上这块土地，便在这里开拓自己、和纳他人。由于地理位置和特殊条件，农耕民族和游牧民族在这里持续对峙碰撞，不断有新民族迁入、有汉民族迁出，经常是大出大进，所以多民族在此杂居生活、交融文化，加之区域内各地环境差异较大，地理、水文、气候、物产、语言等多有不

同，使得生产生活、居民性格、社会交往等各具特色，因此，这里的民俗文化自然也是多元生长、丰富多彩，形式有异、特点纷呈。事实上，山西民俗有中国北方汉民族的文化共性，也蕴含独特的地域风情，这是自然因素的影响，也是民族融合的特殊文化气质的渗透。从胡服骑射到文明新装、从穴居野处到晋商大院、从羊皮筏子到黄河大桥，都呈现出物质精神生活的演进以及生产生活方式的变化，透露了山西民俗所涉及的民族生活和繁衍的信息，以及带来的关于民族生存和发展的启示，使人更加深刻地感受了传统文化视野下山西区域的人与人、人与自然、人与社会的关系。特别是，虽然这里生存条件不是很好，有些地方还很恶劣，人们活得比较艰苦，但是他们始终追求美好的强烈愿望、敢为人先的奋斗精神、诚信守义的生活态度，确实都通过民俗文化及其背后故事生动地跃然纸上，令我们感慨不已。作为后人，我们要有敬畏，应该倍加珍惜！

二

山西民俗涉及人们的衣食住行以及信仰、禁忌等方方面面的内容，有显著的活态特点和十分广泛的群众基础。从理论上看，“民”一般指民间或百姓，“俗”则多指其生活习惯或方式所涉及生活的文化。葛剑雄先生认为，“俗”比较稳定，存在时间较长，影响范围较大，这样“俗”被越来越多的人接受，逐渐成了群体生活的重要部分。而钟敬文先生则认为，民俗既是一种历史文化传统，也是人民现实生活中的一个重要组成部分。我个人以为，“民俗”形成的本身就是一个动态过程，然而一经历史沉淀就会成为传统，在得到群体认同的过程中，也会在观念、信仰、准则、习惯、制度等方面得到反映。因此说，民俗具有深刻的文化意义，是传统文化的重要内容，是不同地区人们生活智慧文化的外在体现。在挖掘整理和深入研究中，我始终有个深刻感受，那就是山西民俗是一种活化的历史文化资源，是传统文化的基础或底蕴，会与不断变化的现实环境相结合衍生出新的形式和内容。而在历史和文明演进中，山西民俗作为传统文化，在民间已经外化为制度和规约，内化为观念和认知，不仅在过去，而且在当下，在百姓日常生活乃至国家社会治理方面都起着重要作用。

事实上，民俗虽然说的是百姓的事情，但是具有非常强烈的主体意识，与民族的生命活力及其延续本身密切相关，很容易实现身份认同，享有共同的生命观。从民俗元素中抽象出的传统文化，都具有原始环境的本真韵味，是原初的思想和根底的行为，凝聚了最基本的人类思想和情感要素。从山西民俗中，可以发现不同时代的人的思想和行为特质，可以从人们思

想情感、生产生活中探寻那些流淌着的文化乡愁，那种与泥土青草、村落民居、山川河流同构的浓郁传统生活，通过人与人、人与物、人与天地之间的联系，来透视生长其中的信仰、情感、希望、乐观等。山西民俗反映了人类的生命力，以及人类在生生不息中摆脱不了的宿命。正如楼宇烈先生所认为的那样，生命是一代一代相延续的，父母子女、兄弟姐妹之间有血脉联系，彼此之间都是有责任、义务的。因此，从薪火相传意义上说，山西民俗在本质上就是一种代代延续、辈辈传承的责任或者义务。张岱年先生认为，中国传统文化有两个基本精神，一是“以人为本”，强调人的价值，表现人的自我认识和道德自觉心；一是“以和为贵”，强调人人和谐共进，表现人们的求同存异和多样性统一。山西民俗是特别讲求这些基本精神并以此为底色或本质的。

我国历史源远流长，多民族统一大国是两千年来的基本国情。任继愈先生认为，这个国情综合地显示着中华民族的思想文化、生活准则、宗教信仰、伦理规范、风俗习惯和政治制度。在他看来，观察中国历史、研究中国问题，都不能不以这个国情为出发点，又落脚到这个出发点。显然，任先生这段话主要是从形而上角度来思考的，但对我们深刻认识山西民俗文化有启示意义，因为多民族统一大国的两千多年的基本国情，同样是由悠久流长、多姿多彩的、与百姓生产生活如影随形的民俗文化显示的。换句话说，就是山西民俗文化能从多个角度、在多个层面反映着这一基本国情的思想、准则、信仰、伦理、习惯、制度的主要内容。所以，按照历史唯物主义的观点立场方法，对山西民俗进行文化意义上的梳理分析，更好展示其源流、概括其特点、阐释其价值、揭示其发展规律，对于进一步讲好中华文明、体现中华文明智慧力量，具有重要意义。

山西民俗需要守护和创新。楼宇烈先生说，传统就是我们的原创。这话很有道理。山西民俗作为这样一种原创性的重要传统文化，不能片面理解或者武断排斥，而要全方位记录好保存好，更要主动传承好弘扬好。在当下数据时代、智能社会背景下，在城市化迅猛发展进程中，山西民俗也要创新，以求更好生存发展，融入现代社会并发挥积极作用。因为，每种民俗都镌刻着传统文化内涵，流淌着民族精神价值，都会随着时代变迁而精进发展。今天，百年未有大变局与科技变革大趋势，为这种发展规定了方向和提供了条件。荀子有句话说得好，“循其旧法，择其善者而明用之”，意思是用其善并发扬光大，是发展的核心要义。我以为，其中最大的善，就是在发展中不断彰显人类的生命价值、拓宽人们的精神世界。对民俗文化研究而言，就是围绕生命本身及其延续意义，着力构建起更为广泛

的血脉联系和责任义务，并通过不断创造来维护血脉联系和履行责任义务。

山西民俗作为传统文化的重要组成部分留存至今，一定有它长期留存的原因，那些传统社会反复出现的生产生活方式，持续作用的约定俗成、长期持有的信仰禁忌，都与我们能走到今天有直接关系。五年前，当我们以山西文明历史角度，开始研究和撰写《民俗山西》时就讨论过，通过编撰这套文化读物想告诉读者什么、用什么方式告诉、期待产生什么效果的问题。自那以后，这些问题一直伴随着相关的挖掘整理、分析研究、撰写修改的全过程。现在本书即将付梓出版，我们对问题的答案更加清楚了，那就是以人为本、以文化人，不忘本来、面向未来，尽量做到系统全面、图文并茂，着力融合历史性和学术性，力求兼顾现实性和可读性，在此基础上，把一幅幅鲜活生动的民俗画卷奉献给读者，把一个个富有智慧的生产生活启示展现给世人，这应该就是我们研究历史的学者要担起的使命责任吧！

是为序。

杨茂林

2022 年 3 月　太原

目　录

概述

001　多样面食

面案上的绝技：刀削面 / 002

吃法多样的饸饹面 / 005

铁筷翻飞银叶落：剔尖 / 008

民族口味的融合：牛肉丸子面 / 011

碗中的宴席：榆次桃花面 / 014

闻名三晋的永济牛肉水饺 / 017

形似蜂窝的莜面卷儿：栲栳栳 / 020

人生礼俗的承载：花馍 / 023

清明时节的思念：寒燕 / 028

就地取材的忆苦饭：拨烂子 / 031

既美观又美味的百花烧麦 / 033

寓意“步步登高”的山西油糕 / 035

039 特色菜肴

三晋第一菜：山西过油肉 / 040

肥而不腻的酱梅肉 / 043

自成一派的大同什锦火锅 / 047

山西的水席：高平十大碗 / 051

闻名海内的平遥牛肉 / 054

“六味压三晋，香冠美群芳”的六味斋酱肉 / 057

阎府家宴的招牌菜：定襄蒸肉 / 060

人间第一香：长治腊驴肉 / 063

比肩金华火腿的安泽火腿 / 066

塞外一绝：大同羊杂汤 / 070

075　地方小吃

历史悠久的药膳：头脑　/ 076

早起必喝的老豆腐　/ 079

巧媳妇的发明：阳城烧肝　/ 082

上党特色早点：荫城猪汤　/ 085

能美容养颜的神粥：河曲酸粥　/ 088

妙手偶得的美味：潞城甩饼　/ 091

恒山脚下的解暑神器：浑源凉粉　/ 094

酸辣可口的碗托　/ 097

历经千年的诅咒：白起肉　/ 100

仙子的馈赠：代县麻片　/ 104

专治水土不服的武乡炒指　/ 106

上古烹饪方法的活化石：石头饼　/ 109

薄而透光的阳泉压饼　/ 112

形似蝎尾的稷山麻花　/ 116

塞外果品：阳高杏脯　/ 119

123 各色点心

晋商故里的特产：太谷饼 / 124

酥脆无比的黄烧饼 / 127

形似瓦片的忻州瓦酥 / 129

盘丝成饼的一窝丝 / 132

香酥甜软的孟封饼 / 133

源自商代的点心：闻喜煮饼 / 136

让韩愈赞不绝口的寿阳茶食 / 138

保质期超长的月饼：神池月饼 / 140

晋式月饼的代表：郭杜林月饼 / 143

钟楼街上的网红：老鼠窟元宵 / 145

风靡河东大地的南式细点：福同惠点心 / 148

153 香醇佳酿

国酒之源、清香之祖、文化之根：汾酒 / 154

独具风味的保健酒：竹叶青酒 / 158

中国最早的葡萄酒：清徐葡萄酒 / 161

可延年益寿的滋补佳品：龟龄集酒 / 164

老醯儿的命根子：山西老陈醋 / 166

参考文献 / 169

后记 / 170

概 述

俗话说“民以食为天”，饮食活动在人们的日常生活中占有极其重要的地位。山西是中华文明的发源地之一，由于得天独厚的地理环境和气候条件，中华民族的先民在这里繁衍生息，辛勤劳作，原始农业发源于此，农耕文明源远流长。通过垦殖驯化，这里动植物资源日渐丰富，对提升人们的饮食水平有很大帮助。随着时代发展和社会进步，人们在食物制作过程和食用方法上逐渐形成了独特的风俗与习惯，并在此基础上形成了极富特色的饮食文化，其内涵丰富，积淀深厚，反映了山西人民的生活习惯和饮食特点，也深刻体现了当地的风土人情。

山西饮食文化之所以如此丰富，与其特殊的地理环境密切相关。省内山岭起伏、气候多样，晋北、晋中、晋南、晋东南各地理单元之间环境差异大，农作物呈多样化分布，造就了食材的丰富性，为山西饮食文化的形成和发展提供了充足的物质保障。另外，相对独立的地理单元使得省内各地的饮食习惯各有不同，形成了不同的饮食习俗和文化。

一方水土养一方人，独特的饮食文化不仅体现了山西各地

的地域风情，也展示了山西淳朴的民风，更是外界认识山西、了解山西的一个重要窗口。本书通过介绍山西各地特色面点、菜肴和地方小吃的形式、特点、做法，挖掘其背后的历史和故事，为读者呈现出一幅丰富多彩的山西饮食民俗画卷。

多样面食

山西是“面食之乡”，山西面食最主要的特点就是种类繁多，制作方法多样，素有“一样面，百样吃”的说法，一块普通的面团在制作者手中可以做出拉面、削面、剔尖、揪片等近百种面食，其制作之精细，用料之广泛令人惊叹不已。另外，各色面食还可用高粱面、豆面、荞面、莜面等多种杂粮制作，各有特色，吃法多样，别具风味。

面案上的绝技：刀削面

山西刀削面是颇具山西特色的一种面食，以其制作方法全凭刀削而得名，加之绝妙的刀工，又被称为“飞刀削面”，为

刀削面

山西一绝。

据说，山西刀削面起源于元朝。当年蒙古游牧民族南下中原建立政权，国号为“元”，为了稳固政权，防止“汉人”民众私制兵器，聚众造反，于是官府下令施行苛刻的限刀政策，日常生活中使用的菜刀也在此列。按照当时规定，每十户百姓共用一把菜刀，人多刀少，各家只好轮流使用。据说有一天，某家媳妇将面和好，在灶台上烧好了水，单等男人去借刀切面，但很不凑巧，切面的刀刚刚被别人家借走了。

刀没借到，吃饭都成了问题。无奈之下，男人只得垂头丧气地往家走，回家路上一不留神又被一个东西绊了一下，顿时气不打一处来。回过头去定睛一看，原来是一张包门槛用的薄铁片，本欲低头赶路，但又转念一想，说不定这个铁片能当切面刀用，他见四处无人，便把这个铁片捡起来揣回了家。媳妇看到刀没借来非常着急，男人就把自己捡来的铁片交给媳妇，就用这个切面吧。媳妇切了几下，铁片薄薄的一点也不好用，这怎么切呢？于是又开始数落丈夫，嫌他借刀去得迟了。这时男人也火了，气鼓鼓地对媳妇说，切不了就砍，还怕砍不下来？这句气话正好提示了媳妇，她利用铁片天然的弧形，直接在滚水锅上将面削成一条一条的，煮熟捞出后全家人一吃，还很爽口，于是刀削面的做法便渐渐在山西大地上传播开来，后经不断改进，就成了今天的刀削面。

刀削面是山西家庭日常面食之一。民间有种说法，作为一名山西女人，如果过门后不会做刀削面，就不是一个合格的家庭主妇。可见刀削面在山西人心目中的重要程度。要制作刀削面，首先要和好面。先把面粉加水打成面穗，再将面穗反复地揉，制成面团。其中揉面的手法十分关键，一方面力度要均匀，另一方面要时刻兼顾面团的软硬，过软或过硬的面团都不适合刀削。这里还有一个小诀窍，如果面团和得过硬，只需要双掌蘸些清水，轻轻拍在面团上，继续揉动即可，切忌直接在面团上加水。经过几轮揉制，直到面团表面光洁，软硬适度方可。面团揉好后放在面盆里用干净的湿布盖好，醒个几分钟，这样一来既方便刀削，削出的面条又筋道十足，口感爽滑。用来削面的刀一般是特制的弧形刀，刀身四寸长、三寸宽，一面开刃，较为锋利，另一面卷边，方便抓握。削面时，左手托面，右手持刀，将刃口贴着面团向前划出，出力要均匀，用力要平，这样削出的面条中间厚，两边薄，形似柳叶，软而不黏，才算合格。煮出来的刀削面外滑内筋，配上各种浇头极具风味。

刀削面发展到了今天，其制作方法和制作技艺已大为改善，而且还具有一定的观赏性。在山西的各大饭店内，经常可以看到面案师傅精彩的表演。表演飞刀削面有三绝：一是快，熟练的师傅每分钟能削出两百根以上，令人眼花缭乱；二是准，在面案师傅面前放一空盘，削面根根入内，绝不落于盘外；三是奇，有的面案师傅将面团置于头顶双刀飞舞，更有的面案师傅在脚踏独轮车的同时削面，如同杂技一般，令人叫绝。

吃法多样的饸饹面

饸饹，古称“河漏”，也叫“河捞”。在我国北方，饸饹是一种广泛流行的、有着悠久历史的、别具风味的一种山西面食，由于其制作简单，因此在山西各地都有卖饸饹的摊点。在民间，几乎每家每户都会把饸饹当作日常生活中的主食。

在古代，面条被称为“汤饼”，其做法多种多样。最早的时候，人们在牛角上钻七八个眼儿，把面团从眼儿中挤出，通过这样的方法来制作面条。随着技术的演进，有了饸饹床子这样的工具，效率便大大提高了。明代李时珍在《本草纲目》中写

压饸饹

道：“荞麦南北皆有……磨而为面，作煎饼，配蒜食，或作汤饼，谓之河漏，以供常食，滑细如粉。”到了清代，有关饸饹的记载就更多了。清代山西《阳曲县志》记载：“附近居民各种面食曰河漏，荞面为之。”显然，各种历史文献中所称的河漏就是现在的饸饹。但从史书记载来看，一开始的饸饹是用荞面做成的，而不是现在常用的白面。不过在山西，用杂粮来制作面食也较为常见。山西既是小麦的产地，也是荞麦、高粱的主产区，对于各种杂粮的栽培和食用历史颇为悠久，所以在历史上人们用各种杂粮面来制作饸饹应是常态。晋南一带是小麦的主要产地，这里一般都是用白面压制饸饹，口感软滑，而在山西北部地区则更喜欢用荞面制作饸饹，别有风味。

在山西，饸饹不仅是人们餐桌上的日常主食，吃饸饹还有

饸饹

着美好的寓意。因为饸饹面柔软绵长，所以每逢红白喜事、生日寿诞，人们都要吃上碗饸饹面以图吉利。在吕梁地区，每年除夕家家户户都要吃荞面饸饹，以祈愿全家和睦，平安幸福。

无论是在家，还是在面馆里，做饸饹必须要有特殊的工具，那就是“饸饹床子”。在山西各地，人们经常可以见到这种专门压制饸饹的工具，其貌似长凳，床身用角铁或木材制成，床身中间挖一个圆洞，洞口下面固定一金属圆筒，筒身底部镶上一块布满小孔的铁片，平行于床身之上有一压棍，其上安有一铁芯。小的饸饹床子不到二尺长，能适应家里锅灶尺寸，大的长约五尺，可横跨最大的铁锅，供多人吃饭使用。制作饸饹时，将饸饹床置于锅灶之上，待锅中水沸腾之时，将事先揉好的面团填入圆筒之中，然后将铁芯对准筒口，手扳压棍用力下压，面团便从小孔之中挤出，成形为饸饹面条落入锅中，其速度之快，能供好几个人同时食用。不过，压饸饹也不是件轻松的事，往往需要很大的力气。若是在饭馆，里面的饸饹床更大，经常能见到压面伙计们双脚离地，把自己整个人都挂在压棍之上，以全身的的重量把饸饹面团压成面条。

饸饹出锅后，浇上各种卤汁，即可食用。在山西不同地区有着各具特色的饸饹臊子，像曲沃交里桥的猪肉饸饹，是用猪五花肉和曲沃当地黑酱、棉籽油炒成臊子，浇到筋道爽口的面条上，驰名省内外。在大同朔州一带，人们更喜欢用荞面饸饹

配上羊肉臊子，别有风味，正如民歌中所唱：“荞麦饸饹羊腥汤，死死活活相跟上……”

铁筷翻飞银叶落：剔尖

剔尖，又称“拨鱼”“剔拨股”，是发源于山西晋中一带，流行于山西及周边省份的一种传统面食。剔尖的制作方便快捷，口感筋道爽口，便于消化，因而广受山西各地群众喜爱。

剔尖中间稍宽，两端细长，呈鱼肚形状，所以又称“拨鱼”。山西盛产各种小杂粮，因而制作剔尖不单单用白面，还有用高粱面、莜面等杂粮面的，口感多样，形式丰富。相比较而言，白面剔尖更为普遍，制作速度更快，规格变化更大。一名熟练的剔尖师傅利用特制的拨板、铁筷剔出的剔尖粗细均匀，长度适中，半个小时即可做出供十几个年轻人同时进餐的面条，其制作技艺之高，速度之快，令人惊叹。

要说这剔尖的制作也不难，但制作工具却在山西以外的地区极难见到。制作剔尖要在特制的铁板（当地人称“剔面板子”）上，用铁筷或竹筷来剔。剔尖板是一个形状类似乒乓球拍的不锈钢板，上面有柄，便于抓握。制作剔尖时，首先要将面和得较为稀软，以铁筷拨动不费力为宜，再将面团转移到剔尖板上，左手持板，右手持筷，将面一根一根剔成粗细均匀的

剔尖

条状，顺势拨入锅内的沸水中。随着铁筷的上下拨动，剔尖一根根飞入锅中，恰似鱼儿在锅内翻飞跳跃，煞是好看。待煮熟后捞出，浇上各色浇头食用，色味俱全，令人胃口大开。晋中盆地一带的太原、榆次、太谷、祁县等地，则是用另一种方法制作剔尖。首先把和好的面置于盆或者大碗内，剔尖师傅面向灶台，左手托盆，盆边稍稍向下倾斜，使和好的面在自然流动下稍稍溢出于盆沿，右手再用筷子沿着盆沿向前剔拨，边剔边转动盆口，制作速度大为提高，后来这种制作方法在山西面食行业内全面普及，成为面案师傅的基本功之一。

要想自己在家制作剔尖也很方便，但手法必须要到位。做剔尖的诀窍在于巧用手腕的力量，在面条被剔离剔板的一刹那，用手腕的力将面条顺势一拉，这样剔出的面条更长。饭店

师傅剔出的剔尖中间圆、两头尖，形状规整，甚至还能剔出几倍于剔尖板长度的剔尖来，不过这种技艺需要长期的实践，可不是一般的家庭主妇能够一蹴而就的。

剔尖出锅后白细光滑，绵软筋道，配上浇头十分可口。过去有的人家还喜欢做“三合面”的剔尖。这种剔尖是用白面、豆面、小米面按比例掺和在一起做成的，用三合面做出的剔尖粗细均匀，软硬适宜，配上小炒肉或炸酱浇头，是非常不错的山西传统面食。

在晋中一带，人们称剔尖为“剔拨股”，其中还有一段李世民之堂妹八姑创此面食的传说。话说唐贞观年间，长安周边突遭大旱，赤地千里，颗粒无收，太宗李世民心急如焚。正值此时，魏征进言，举荐当时得道高僧田志超为民祈雨。田志超领旨后，在山西绵山诵经祈雨。也许是其诚心感动了天帝，过不多时，大雨倾盆而至，干旱顿时缓解。之后李世民率文武百官亲赴绵山还愿，其堂妹八姑一同而来。还愿结束后八姑竟不愿随兄回归长安，一面在绵山一带随高僧修行，一面为附近村民采药治病。一日，八姑为一老妇熬药做饭，不料在面粉中多加了水，和的面过稀，眼见锅中水开，八姑急中生智，用竹筷将面拨拉成条，煮熟后端给老妇，老妇吃过后问八姑，这饭叫什么？八姑误以为老人家在问自己名字，就告诉老妇叫“八姑”，老人听后记在心里，病好之后逢人便说这“八姑”的美味。后来，附近的人们根据其制作方法和形状，称之为“剔拨股”，从那以后，剔拨股的名字便流传开了。传说毕竟是传说，不过八姑的仁爱和孝悌却是千古美德，在晋中一带流传至今。

民族口味的融合：牛肉丸子面

山西是一个由多民族人口构成的省份，其中以汉族为主体，各少数民族融合发展。汉族以外，又以回族、满族、蒙古族人口居多，呈现大分散、小集居的特点。各民族群众相互杂居，和谐相处，在生产生活中彼此相互借鉴，发展出了不少特色饮食。牛肉丸子面就是这样一个体现着民族融合的特色食品。和传统山西面食在制作方法上花样百出、浇头种类多样不同，牛肉丸子面以汤浓、面辣、肉香为特点。而要想吃到正宗的牛肉丸子面，不妨专程赴临汾一游。

临汾古称平阳，传说尧帝曾定都于此，所以今天的临汾市区所在地又称尧都区。这里交通便利，物产丰富，各地商旅往来不绝，自古以来就是商业重镇，也是不同民族、不同文化的交融之地。20世纪六七十年代，回民白荣祥老先生从河南、陕西辗转到临汾定居，开始时，做一些小买卖维持生计，随着改革开放，市场逐步活跃起来，白老先生通过吸收河南、陕西一带的饮食风格，结合回民饮食习惯，自创了以牛肉和丸子为浇

牛肉丸子面

头的面食。创业初始，白老先生用传统的做面方法，和面、擀面、煮面、浇汤，工序繁多，很费工夫。后来老先生经过思索，对面条部分的制作工艺进行改良，大大提高了制作效率。他将面条事先蒸熟，再拌油晾干保存，随用随煮，大大节约了时间，面条的色泽和味道也更加诱人。随着时间的推移，白老先生的生意越来越红火，四个儿子成家立业后也都自立门户，独立经营，在制作工艺上形成了各自的特色。从那以后，这种融合了多种口味的面食渐渐传开，在临汾本地及周边地区遍地开花，成为临汾当地一道特色美食。所以在临汾口味最正宗的牛肉丸子面当数白家的牛肉丸子面，现在店面主要由白荣祥的后人经营，其制作工艺在父辈的基础上又进一步发展，既保留了原有的风味，又使汤底更加香辣醇厚，面条更加精致筋道。

牛肉丸子面

到了临汾，要想尝尝这牛肉丸子面并不难，在街上走不出多远就会遇见一家店面。进店只需吆喝一声，不一会儿，一碗热腾腾、香喷喷的牛肉丸子面就端上了桌。火红的辣椒，碧绿的香菜，溜圆的丸子配以大片牛肉，让人不禁垂涎三尺。面条筋道而有嚼头，丸子爽滑弹牙，牛肉酥烂可口，汤头混合着葱辣、姜辣、蒜辣、花椒辣、胡椒辣和浓重的辣椒的辣味儿，真可谓百辣齐绝，吃过之后让人不禁大呼过瘾。

牛肉丸子面的制作工艺复杂。首先用牛骨吊汤，熬好后备用，然后再卤制牛肉。要选用上好的牛腱肉，小火慢炖，卤出香味，切成薄片待用。牛肉丸子要用新鲜牛肉剁成肉馅，和淀粉以一比一的比例搭配，佐以各种香料，在牛骨汤中汆熟。在汤汁调配上，用吊好的牛骨汤做底，佐以生姜、辣椒、胡椒、桂皮、山楂等二十余味香料，再加入五香粉、辣椒粉等，调料

百味，重辣浓油，这才是牛肉丸子面味道的关键。牛肉丸子面中的面条类似于拉面，却又不同于拉面，在开门迎客前，店家会将面条提前蒸好，晾凉后拌油保存备用。在吃之前，先将面条经开水汆熟，浇上浓浓的骨汤，配上牛肉丸子和卤牛肉，佐以香菜点缀，一碗牛肉丸子面就完美地呈现在食客面前了。

品尝过临汾的牛肉丸子面，人们也许会将其与时下风靡各地的重庆小面相比较，临汾的牛肉丸子面虽不如重庆小面华丽与繁复，却多了一些北方面食的厚重，让人不禁体会到生活在黄土高原上人们的直率与淳朴。

碗中的宴席：榆次桃花面

从山西省会太原出发，开车向东南方向走上半小时，还未脱离满眼的都市景观，就到了晋中市的榆次区。这里虽属晋中，但距省会不远，生活饮食和太原相差无几，唯有这桃花面在太原并不多见，得去榆次才能得以品尝。

外地的食客来到榆次，看到这面的名称，往往被其清丽脱俗的名字所吸引，但当店员将这碗面端到客人面前，人们才发现这桃花面中其实并无桃花，而是在煮好的面上浇上宽汤，并覆盖烧肉、丸子、粉丝、金针、海带丝等菜码。可是为什么面中并无桃花，却叫桃花面呢？这其中还有一个故事。

相传，从前榆次城里有家财主，这年正好迂上他家老太爷的八十大寿，家中准备给老太爷办一场声势浩大的寿宴。于是提早半月就在城里一家有名的饭庄预订下了酒席。

饭庄里的掌柜一接到预订，不敢怠慢。赶紧到各家商铺采买各种食材，督促伙计们日夜赶做。因为那时宴席上的菜主要是各种蒸碗，像烧肉、丸子一类的肉食必须提前加工。但是天有不测风云，就在寿宴的前两天，突然传来省城太原起了兵变的消息，说太原城里已乱作一团，很快就会波及榆次。老百姓们一听说要打仗，赶忙拖家带口地往山里跑，有钱人更怕死，都早早地去乡下避难去了，逃命要紧，哪还顾得上过寿呢，财主一家也早早避祸去了。财主家老太爷的寿宴摆不成了，这下可苦了饭庄的掌柜，眼看着提前赶制了一大堆的菜品，宴席却开不成了，这做好的东西又不易保存，几天之后就要变质坏掉，这可是一大笔损失。一想到此事，掌柜心疼不已，眼见别的店铺纷纷关门歇业，自己只好硬撑着，只盼这损失能降到最低。

太原距榆次不远，只有四十里路，过不多时，从太原逃出来的人们陆续进入榆次城内。赶了几十里的路，总得歇歇脚吧，人们看到这家饭庄还在营业，纷纷来这里吃饭歇脚。一时间饭庄里人山人海，前来吃饭的人还真不少。掌柜这时心里有了盼头，那准备下的一大批食材终于可以卖出去了。想法是不

桃花面

错，但来到饭庄用餐的都是些逃难的百姓，身上盘缠不多，逃荒路上还得省着点用，一般只是吃碗面压压饥，并无人饮酒点菜。眼看掌柜的如意算盘就要落空，这时店里的一位伙计给掌柜出了个主意：咱们卖面的时候不用再另做菜汤和浇头，就做成清汤面，把那些现成的烧肉、丸子、金针、木耳、海带，每碗放一些，也就把这些东西都卖出去了。掌柜一听，觉得这个主意不错，有一举两得之效，连忙指派伙计们按此法来办。吃饭的人们从没见过这样的面食，又有烧肉，又有丸子，这分明是席上用的东西啊。大家再一尝，味道还挺不错，没想到在这逃荒路上还有这样丰盛的面食，纷纷向饭庄的小伙计打听这叫什么面？小伙计心想，今天坐在这里吃饭的都是为躲避兵祸而逃难的人，于是随口说道：这是逃荒面！人们一听逃荒面就都笑了，一刹那，远道而来的辛苦和劳顿立时散去。不过人们总觉得逃荒面的名字不雅，也不大吉利。正在这时，逃荒人群中有个秀才出来，利用“逃荒”二字的谐音，把“逃荒”改成了“桃花”，并当场取出笔墨，给饭庄题写了“桃花面”三个大字，取东晋陶渊明先生的“桃花源”之意，其中也蕴含着希望大家能够早日还乡，生活平静和谐之意。后来，掌柜把秀才的题字制成匾额挂在了门头之上。这牌子往外一挂，来这儿吃面的人更多了。慢慢地，这桃花面成了当地大小饭店的看家美食。

桃花面流传到今天，面的形式已不再重要，可以是拉面，也可以是手擀面，但一定要是汤面，也必须要加入烧肉、丸子，让人们在吃面的同时既品尝了宴席上的硬菜，又能在饭后喝上一碗汤，可以说是一面三吃。桃花面自诞生以来，保持了其大众化的本色，深受当地群众喜爱，成为山西面食家族中一个独特的成员。

闻名三晋的永济牛肉水饺

在北方农村有句俗话：“好吃不过饺子，舒服不过倒着。”说的是饺子的美味。千百年来，饺子以其制作简单、形式多样、丰俭由人而成为深受中国人民喜爱的传统食品。关于饺

子，各地有各地的特色，如山东的鲅鱼水饺、广东的澄粉虾饺、西安的酸汤水饺、上海的锅贴煎饺等。到了山西，知名度最高的还是“永济牛肉水饺”。

永济位于山西省西南部，运城盆地西南角，与陕西省隔河相望，古为蒲州，是晋陕豫交界之地，自古交通便利。明清时期，因战乱、逃荒和经商等原因，不少来自新疆、陕西、河南、宁夏、甘肃一带的回民纷纷迁居至社会环境相对安定的山西河东一带，其中一部分人就留在了永济，开始在这里定居。在回民的饮食习惯中，牛肉占了主要地位。为了保持传统和正宗，他们一般自己养牛，牛肉除满足自己食用外，剩余的还拿到市面上出售。后来他们发现晋南人喜欢吃饺子，于是就把一部分牛肉制成饺子馅售卖，后来直接做起了牛肉水饺生意，永济牛肉水饺便由此诞生。

永济牛肉水饺皮薄馅大，香而不腻，其关键之处就在于拌馅。首先要将牛肉剁成肉馅，然后将生姜大葱切入牛肉中一起剁碎，起到去腥增鲜的作用，之后再加入盐、味精、香油、酱油等调味品拌匀。剁馅不但是个体力活儿，也是个技术活儿，十分考验师傅的刀工。有经验的师傅从不依靠机器，仅凭两把菜刀就能将饺子馅剁成。

接下来就要制作饺子皮了。先把面和好后揪成大小相等的面剂子，再擀成饺子皮。在永济有“饺子皮儿对对出”的说法，说的是这里饭馆的师傅们可以用一根擀面杖同时擀出两张饺子皮，擀出来的皮形状一致、薄厚均匀，堪称绝技。在包饺子时，师傅们熟练地将饺子皮摊在手掌上，一手盛馅儿的同时另一手同时在包，只见一搁一捏，只用几秒钟时间，一个精致完美的饺子就在他们手中成形了，眼见这只手刚放好了馅，那只手上一个完整的饺子已经“飞”到了箅子上，看得人眼花缭乱。

饺子下锅后，用勺背轻轻推开，以免粘连。锅快要开时点一些冷水，等再次沸腾，饺子漂浮起来就可以出锅了。正宗的永济牛肉水饺形状漂亮，大小一致，皮薄馅大，饺子里面包的全是精牛肉，一口咬下去，肉馅紧致抱团，满嘴的牛肉鲜香。因晋南人爱吃汤食，所以永济的饺子最常见的就是汤饺的形式，为此，店家还专门调制了饺子汤，汤底用新鲜的牛骨头熬

永济牛肉水饺

成，清香醇厚，其中配有葱花、姜末、陈醋、香油等十几种作料，搭配牛肉饺子浑然天成，广受食客的好评。

如果有机会到永济一游，赞叹过黄河铁牛的精湛工艺，感受过五老峰的奇绝险峻，聆听过张生和崔莺莺那凄美的爱情故事后，顺道尝尝这里的牛肉水饺吧，一定会让您留下不虚此行的感受。

形似蜂窝的莜面卷儿：栲栳栳

莜面栲栳栳是山西著名的传统小吃。其工艺讲究，成形美观，口感劲道。人们常说“羊肉臊子台蘑汤，一家吃着十家香”，是一种极具山西地方特色的美食。

关于莜面栲栳栳的起源还有一个有趣的故事。传说隋文帝杨坚晚年昏庸，偏信奸佞之言，唐国公李渊屡次力谏不被采纳，反而引得上怒，被贬为并州留守，并州也就是今天的太原。由于走得匆忙，再加上从长安到并州路途遥远，在赴任路上，身怀六甲的李夫人动了胎气，只好滞留于途中一寺院休养保胎。李渊每日闲来无事，除陪伴妻子外，便与寺中方丈谈古论今，了解各地风土人情。这天，这位方丈又与李渊谈论起天下之事，对李渊说：“将军，我看天下不日将会大乱，群雄并起，必有一场恶战，将军应保重贵体，今日我给你品尝一物，

莜面栲栳栳

吃了之后定会精神焕发。”随即便叫厨房端来一些面筒筒，一个一个整齐排列着，像蜂窝一样。李渊吃过之后，感觉神清气爽，体力大增，便向方丈讨教其名。方丈说，这种吃食是用此地出产的莜麦磨成面粉后做成的，因其放在蒸笼里形似蜂窝，所以百姓又将其称为“莜面窝窝”。从那以后，李渊就把当年的莜面窝窝记在了心里，时常想念。

后来经过数年的南征北战，李渊当了皇帝，感念当年赴并州路上方丈留宿之恩，便派其到五台山做寺院住持。方丈带领僧众赴任途中，看到晋北一带盛产莜麦，便把制作莜面窝窝的技术传给当地人，从此莜面窝窝便在当地流传开来。人们看它类似于当地的栲栳，这栲栳由柳条编成，形状像斗，口小而底深，做存放东西之用，所以又将莜面窝窝改称为“莜面栲栳栳”。

在历史上，山西就是莜麦的主要产区，其主要分布地在山西北部和周边高寒地区，是一年生的杂粮作物。据研究，莜面有较高的营养价值，富含多种微量元素，常吃莜面有助于减肥和美容，还有利于人体新陈代谢，使人身强体壮。在山西北部流传着这样的谚语："四十里莜面三十里糕，二十里荞面饿断腰。"意思是说一顿莜面的营养可以支持人们走四十里的路程，而荞面只能支持人走上不到二十里，可见莜面是一种极富营养的食品。所以，山西人对莜面特别钟爱，奉为至宝。从地方谚语"雁北三件宝，莜麦、山药、大皮袄"中可见一二。在过去，由于自然条件艰苦，山区人们通过杂粮细做来调剂生活，因而每个家庭主妇都能做一手好的莜面饭。过去，新媳妇在婆家第一次下厨就要在莜面上先露一手，以显示其持家的能力。而新女婿在春节期间到丈人家拜年，丈母娘也要给小两口做上十种花样的莜面饭，以示重视。

莜面栲栳栳在山西民间除了是家常美食外，还是招待宾朋的特色面食，取其谐音"犒劳"招待之意。在雁北地区和吕梁山区，人们赋予莜面栲栳栳以牢靠、和睦等美好象征。在山西有些地区婚配嫁娶时，夫妻双方入洞房后也要吃莜面栲栳栳，期望小两口感情牢固、白头到老。还有些地区每逢喜庆节日或宴请宾客之时，多以莜面栲栳栳待客，在年终岁末时也要吃莜面栲栳栳，以祈盼全家团结和睦、财运亨通。

莜面栲栳栳

要做好莜面栲栳栳有个秘诀，那就是要用开水和面。只有用开水和出来的莜面蒸出来后才筋道可口，而且在搭卷时更容易成形，不会破碎。做成的栲栳栳并排在笼内，造型酷似蜂窝。在蒸莜面时还要注意火候，需要用大火猛蒸，这样才能蒸出莜面原始的香味。莜面蒸熟后，蘸上西红柿酱或者浇羊肉臊子，使人闻之垂涎，胃口顿开，食之香醇异常，回味无穷。

人生礼俗的承载：花馍

说起“晋南”，一般是指山西西南部的运城、临汾一带，

花馍

是中华文明的发祥地之一。这里地处汾河下游，气候温和，特别适宜农作物的生长，尤其是小麦，因而这里人们日常生活的主食就是各种面食，尤其是馍。有人说“晋南人离了馍就没法活”，这话虽有点夸张，但却深刻反映出馍在晋南人生活中的重要地位。当地俚语有“出门三件宝，馍馍、草帽和棉袄”“不吃馍馍不叫饭”，可以说晋南人“顿顿不离馍，事事不离馍”。

这里所谓的“馍”，其实就是馒头。关于馒头的起源，人们普遍认为是三国时期诸葛亮南征孟获七战七捷后，在班师回朝路上为了顺利渡过泸水，用米面包馅，捏成人头的形状做祭祀之用，谓之“蛮头”，后世经过演化，称为“馒头”。但是在晋南地区，人们认为馍的起源是与一名叫嫫母的神女有关。传说嫫母是汾河河神的女儿，后来嫁给黄帝，成为黄帝的妻子。后来，嫫母发明了石磨，从那以后，人们把收获的麦粒磨成面粉，然后再加工成各式各样的面食。其中有种面食是把面粉揉成团后再蒸熟而食，人们为了纪念嫫母，就将所蒸面食称为“馍”。这种说法虽是传说，但是晋南人蒸馍确实有一手，他们发面从不用碱面，而是用自然发酵的方法。首先要和一块面团，通过野生酵母菌让其自然发酵，这块发酵的面团就叫作“酵子”。再将酵子均匀地和到新加入的面粉当中，让整个面团再次发酵，通过这种方法蒸出的馍又白又光，味道香甜，还耐存放。

在晋南人的生活中，馍还承载着礼俗和传统。人们把馍做成各种富有寓意的花样，表达着对美好生活的追求和祝福。如逢年过节，老人过寿，小孩满月、过周岁，盖房上梁，乔迁新居，婚丧嫁娶或祭祀祖先等都要用到花馍，所以这花馍又叫作“礼馍”。在晋南地区，最具代表性的就是闻喜花馍。闻喜花馍以白面为主要原料，另有用红枣、豆子、食用色素等装点，制作工具为家庭日常用的剪子、梳子、菜刀等，制作手法有切、揉、捏、揪、压、挑、搓、按等，捏成的动物、花草、瓜果栩栩如生，惟妙惟肖，有很强的艺术观赏性。花馍的花饰以花鸟虫鱼、蔬菜杂果等图案为主，表达着人们对祖先的怀念、对长辈的祝福、对后辈的期望和对美好生活的热爱之情。不同的花式代表着不同的含义，比如鱼象征着“如鱼得水”，佛手象征

花馍的制作

 花馍

着“勤劳致富”，兔子象征着“活泼善良”。

山西民间花馍的制作颇有讲究，根据不同的节日和用途，其形式也各不相同。过春节要蒸枣花馍、元宝篮；正月十五要送小孩们面羊、面狗、面鸡、面猪等；清明节上坟时用“蛇盘盘”以示消灾；乞巧节做巧花等等。晋南人一生离不了馍，这话一点都不假。当地人从刚出生的婴儿到耄耋之年的老翁，每逢重要的日子，亲戚们都会蒸花馍送花馍表示祝贺，而随着寿星岁数的不同，人们送的花馍也有着不同的祝福意味，其造型也各具特色。孩子满月时，孩子的舅舅家会送外甥一个特制的大花馍，上面要有鱼、龙、莲花等内容，祝福孩子吉庆有余、青云直上、一生幸福。孩子满十二周岁时，家里要蒸项圈馍，待生日这天套在孩子脖子上，祝福其一生平安。老人们过大寿时，子女们会蒸寿桃馍，祝福老人家寿比南山。可以说馍已深

深扎根于当地人的文化当中，成为当地特有的习俗。

清明时节的思念：寒燕

在山西的一些乡村，每当临近清明，老人们总会做一些形似燕子的小面塑来祭拜祖先，纪念先贤。又因其在清明、寒食节前后制作，故又称之“寒燕”。清明节制作寒燕的习俗可谓由来已久。宋代的《东京梦华录》中记载，北宋时期每逢清明时节，汴京的每家每户都“用面造枣飞燕，以柳条串之，插于门楣，谓之‘子推燕’”。说起“子推”，让人不由得想起晋国名臣介子推，不过这寒燕的由来还真与介子推有关。春秋时

寒燕

期，晋国公子重耳因被人陷害，在外流亡十九年。流亡期间风餐露宿，饥寒交迫，备尝艰辛，而介子推却一直忠心耿耿，随侍左右。在一次逃亡中，公子重耳的干粮被人偷去，一行人几天没有东西可吃，重耳饿得昏了过去。为了让重耳能够活命，介子推避开众人，从自己大腿上割下一块肉，和着野菜煮了一碗肉汤给重耳喝。重耳喝下肉汤后慢慢转醒，这才保住了性命。后来，他得知之前喝下的肉汤竟然是介子推割下自己身上的肉做成的，大为感动，当即许下诺言，称自己有朝一日做了国君，要好好报答介子推。

十九年的流亡生涯结束了，重耳回晋国即位，是为晋文公。即位后不久，晋文公便开始封赏那些在他逃亡期间随行的臣子们。而介子推认为割股奉君乃做臣子的应有之义，不愿接受封赏，便带老母亲隐居到了绵山。为了报答介子推的恩情，晋文公亲临绵山，遍寻全山而不见。晋文公求人心切，只好下令放火烧山，希望用这样的方式逼介子推下山。大火烧了三天三夜，介子推仍然没有出现。后来，人们在一棵大树下发现了介子推和母亲的遗体。晋文公为此深感愧疚，把介子推和他的母亲厚葬在绵山，改绵山为介山，命官府在此立庙祭祀，并在介子推殉难这一天不许民众烧火，家家户户只能吃冷饭，谓之“寒食节”。贤臣介子推因“割股奉君”之壮举，深得世人怀念，人们为了避免在寒食节这一天生火，特地提前做一些面

点作为干粮。从唐代开始，清明节与寒食节合而为一，作为古代传统节日被加进了敬神、祭祖、崇念圣贤的复合性内容。后来，人们借“燕子思家”之意，把面点捏成燕子的形状，并用柳条串起，以表达后人对已故亲人的思念之情。在山西很多地区的方言中“燕”与“念”谐音，“柳”又与“留”谐音，用柳枝穿燕表达的就是人们对祖先和先贤的“留念”之意。这就好像端午节的粽子，中秋节的月饼一样，做寒燕也是山西一些地区清明时节必不可少的项目。时至今日，这样的习俗在山西各地依然存在。

山西有着深厚的面塑文化氛围，从寒燕的制作上可见一斑。捏寒燕要用发面，因为发好的面团更为柔软，也便于成形。其次，寒燕不宜做得太大，但燕子形象必须逼真，眼睛处要用两颗小黑豆或者黑糜黍镶上，再用梳子在燕子身侧压几下，小燕子就长出了翅膀和尾巴，显出其线条来。捏好的燕子形象栩栩如生。有的地方还要用颜色染画燕子的嘴巴、眼睛、羽毛、尾巴，色泽鲜明，层次感强。

寒燕捏好后，要上锅蒸熟。刚蒸好的燕子是不可以吃的，需要先放一段时间。人们一般会用酸枣枝、沙棘枝或者杨柳条把它们穿连起来，挂在门楣上，让其自然风干。等到完全风干后，就把它们分给孩子们，寓意着孩子们长大后能像燕子一样勤劳和灵巧。在这段时间里，孩子们还会拿着自家做的燕子和小伙伴们互相比较，看看谁家做得更精致更好看。等过了一段时间之后，这用面塑成的燕子慢慢风干变硬，孩子们放在嘴里嚼得“嘎嘣嘎嘣”响，别提多开心了。就这样，一个小小的寒燕不但寄托了人们对先祖的思念之情，更给孩子们带来了无穷的乐趣。

就地取材的忆苦饭：拨烂子

在山西，人们特别善于利用各种有限的资源做出花样繁多的食物，拨烂子就是其中一种。拨烂子也称“不烂子”，有的地方也叫作“谷垒”或者“苦累”，是山西一种传统主食。

从“苦累”这个名字可以看出来，这是一道忆苦饭，登不得大雅之堂。在旧社会，穷苦人家缺粮少菜，整天吃不饱肚子。只好去采一些野菜、槐花、榆钱、红薯叶子之类的东西充饥，如果做得再精致一些，就把它们洗净后放入盆中，一边撒上些玉米面或白面，一边搅拌，使野菜表面裹上一层薄薄的面粉，待搅拌均匀后再加少许水，扑上少量的面粉继续搅拌，这样反复进

拨烂子

行，直到面粉充分粘在野菜上面，盆底无干粉为止。然后再上锅用大火蒸熟，出锅后拌上简单的作料就可以供一家人饱餐一顿，在衣食匮乏的年代，这的确是一道较为精致的美食。不仅受苦的老百姓吃它，据说落了难的慈禧太后也尝过它的滋味呢。话说光绪二十六年（1900年），八国联军打进北京，京城是待不下去了，于是慈禧太后带着光绪皇帝仓皇逃往西安，美其名曰“西狩”。这年的十一月初六，慈禧太后一行人行至山西灵石县，经过一天的赶路，慈禧太后和光绪帝都饥饿难忍，地方官准备的宴席上有一盘精心制作的拨烂子。据记载，慈禧太后在尝过拨烂子后，顿时觉得味道独特，令其胃口大开，临行时叮嘱身边的小太监把制作过程记下来，以便来日再次品尝，据说慈禧返回京城后还命人给她再做拨烂子呢。

故事毕竟是故事，但拨烂子确确实实与山西人的生活紧密相连。过去的生活条件不好，但凡能吃的东西都被人们巧施花样，制作成了可口的美食。在很多老一辈人的脑海里，或许还记得自己小时候挖野菜、捋榆钱的往事，而在山西大部分地方，土豆才是制作拨烂子的主要材料。山西盛产土豆，人们便把土豆擦成榆钱大小的小片，拌上白面或各种杂粮面，这样制成的拨烂子又是一种风味。当然，制作拨烂子还可用别的蔬菜，比如豆角、茄子、芹菜等，但都不如土豆做成的拨烂子地道。如果在春末时节，也可以用榆钱、槐花等制作，这样的拨烂子更具风味。

要制作拨烂子，首先将土豆擦成小片，过水后拌入适量面粉，搅拌均匀后上笼蒸熟，一般用大火蒸半个多小时就可以了，蒸好的拨烂子可以配西红柿酱或者配盐醋调味直接食用，手巧的主妇蒸出的拨烂子光泽好有弹性，使人常食不厌。如果肯多下一道功夫，还可以把蒸好的拨烂子炒制一番。如果要炒制，首先要将蒸熟的拨烂子晾凉，这样炒的时候才不会粘锅，先将油烧到七成热，然后将事先准备好的花椒、葱花、蒜末一并放入锅中翻炒爆香，再将晾好的拨烂子倒于锅中来回翻炒，直到略显微焦即可，这样制作的拨烂子酥软焦香，口感更好。

既美观又美味的百花烧麦

百花烧麦是山西的一种特色美食，也是一种极具艺术性和观赏性的风味小吃，其名字中透着几分雅致，让人们脑海中不由得浮现出百花盛开的情景，不禁想去一探究竟。

烧麦是一种流行于全国各地的面点小吃，类似于小笼包，但形状要比小笼包更美观，因其使用烫面包馅，外皮薄而透明，味道也更有特色。

有资料记载，烧麦产生于元代，最初是茶馆内附带卖的小点心，供茶客们喝茶时食用，所以一开始被称为“茶捎卖”。

百花烧麦

又因其制作精细，口味独特，深受人们的欢迎，于是有人将它当作小吃单独出售。后来，人们将其制作工艺进一步改进，并在外观及馅料上做了一定的创新，慢慢演变成了我们今天看到的百花烧麦的样式。

“烧麦好吃难和面，皮薄挑馅打花难。”制作烧麦技术难度较大，打花要用特制的擀杖，褶子打得越多，烧麦花牙就越美。高手制作好的烧麦皮薄如纸、边花多，吃起来香醇利口。刚刚包好的百花烧麦形如石榴，洁白如玉，顶端蓬松，层次分明，犹如一朵绽开的花朵，看起来十分美观。待上笼蒸熟后，鲜香四溢，用筷子一夹，垂如细囊，虽然皮薄如蝉翼，但却柔韧不破。

山西大同老字号凤临阁的百花烧麦被誉为一绝。传说当年八国联军打进北京，慈禧太后偕光绪皇帝为躲避战乱，逃往西安。路过大同县时曾经在城内驻跸一日。为了伺候好太后老佛爷和皇上，地方官特命凤临阁制作御膳，每餐做好后用食盒送至下榻处。当时凤临阁的厨师精心制作了百花烧麦进献，其型晶莹油亮，其味清香可口，慈禧食后颇为赞赏，从此凤临阁的烧麦有了“天下第一笼”的美誉。

现在，无论是在大同，还是在太原的各大饭店，我们都可以点上二两烧麦来尝尝。刚出笼的烧麦不仅外形美观，而且皮薄馅大，味美可口，价格也十分亲民，让人尝过后情不自禁地竖起大拇指，连声叫好。

寓意“步步登高”的山西油糕

在山西很多地方，油糕是一种代表着地方礼俗的食品。每到逢年过节、娶妻嫁女、孩子生日、考试远行等重要场合的宴席上，待主菜上毕，一定还会上一盘金灿灿的油糕，取其谐音，有“步步登高”的寓意。而在山西北部一带，油糕则更多是人们日常餐桌上的一道主食。

这里人们普遍吃糕和当地出产的一种作物有关，这就是黍。黍是一种古老的作物，中国历史上的“五谷”有黍、稻、稷、麦、菽，其中黍排名第一，可见其重要性。由于黍这种作

泡泡油糕

物耐干旱，对水肥条件要求不高，生长期短，同等条件下产量较高，因而在山西各地都有所种植。黍去皮以后又叫黄米，此米色泽金黄，有黏性，磨成面粉以后就是黍米面，是制作油糕的主要原料。直到现在，黍米面在山西大同、朔州、忻州一带人民的食谱里还有着重要位置。

制作油糕一般选用上等的黍米面、胡麻油、红小豆、红枣等原料。制作分为制皮、制馅、包制、油炸等工序。制皮时，先将黍米面上笼蒸熟，倒入盆里揉匀即为油糕皮面。制馅时，先将红小豆拣洗干净，上锅用大火煮到豆子开花，再改用文火煮半小时左右，直到无水汽为止，制成豆沙。在煮豆时可加入少许碱面，这样能使豆子煮得更烂，制成的豆沙更细更绵。接下来把红枣煮熟，挑去枣核后捣成泥，再与豆沙搅拌在一起，加入适量白糖后制成油糕馅。包油糕时，将黍米面揪成同样大小的剂子后捏成圆片，包进适量的馅收口压平即为糕坯。糕坯制成后即可出售，或者冷藏储存。待食用时，将糕坯逐一下入油锅，炸成金黄色时捞出即成。

山西不同地区的油糕又有着不同的制作方法。像有名的泡泡油糕就是利用猪油和滚水和面，经过涨发蓬松后再包入玫瑰、豆沙、核桃仁、白糖等馅料制成。制作的关键是要掌握好油、水、面的比例，同时对炸制时的油温也有严格要求，当油糕下入油锅后，内部水蒸气大量形成，气体急剧膨胀的同时使得油糕表皮也会膨胀开花，外皮形成气泡，故而被称为“泡泡油糕”。其外观色泽金黄，表皮蓬松，犹如蝉翼。由于便于携带和保存，油糕也成为外地游客回乡赠送亲友必带的山西特产之一。

特色菜肴

山西气候温和，物产丰富，交通便利，商业发达，菜肴具有鲜明的地域风格，被称为“晋菜”。晋菜选料朴实，烹饪技法纯熟，以烧、熘、蒸、炒、煨、汆、炝为主，具有料重、汤宽、味香、醇厚等特点，地域差别明显，风味特色各异。

三晋第一菜：山西过油肉

只要随意走进一家山西菜馆，不必看老板递过的菜谱，也不必等服务员耐心的介绍，只需吆喝一声“老板，来盘儿过油肉”，保准过不了多一会儿，一盘热腾腾、明晃晃的过油肉就摆在你的面前了。如果一个人没吃过过油肉，那他绝不是正宗的山西人。过油肉在晋菜中的地位就相当于宫保鸡丁之于川

过油肉

菜，或者剁椒鱼头之于湘菜一样，一提到晋菜中最有名的传统菜肴，山西人首先想到的一定是号称“三晋第一菜”的过油肉。

据传，过油肉起源于明代，原是官府宴席中一道极其普通的菜。明末清初，随着改朝换代，政局动荡，原本在皇宫王府掌勺的大厨们流落民间，过油肉这道菜也随着他们传到山西，后来山西厨师将这道菜改良并发扬光大，成为当地民间酒席的必备菜式之一，也成为晋菜的代表。

山西过油肉一般采用猪里脊肉为主料。里脊处在猪的脊背位置，位于脊椎骨内侧，是猪身上肉最嫩的部位，做过油肉就是要体现这个“嫩”字。首先，用斜刀将里脊切成铜钱大的薄片，再在碗中加入鸡蛋、淀粉、面粉和水调成面糊，一般一勺淀粉配两勺面粉。将切好的里脊片放入碗中挂糊，然后往锅内倒油，当油烧至四五成热时，放入里脊肉过油炸制，待颜色呈金黄色时捞出。里脊肉炸好后，将多余的油倒出，只留少许底油以备翻炒。再次将油烧热，下葱姜蒜炝锅，再加入玉兰片、木耳等配菜，和炸好的肉片一齐大火翻炒，同时点入适量陈醋以增香保嫩，再倒入事先兑好的清汤、淀粉、花椒水，猛火翻炒几下后淋少许明油出锅装盘。

可以看出，山西过油肉从选料到刀工，从挂糊到烹炒，都有其独到之处，体现了山西地方菜的特色。过油肉最大的特点是以油传热，因过油而名，所以火候是此菜成败的关键。操作

时关键是要把控好油温，油温掌握得好可使肉片平整舒展、光滑利落、不干不硬、色泽金黄。若油温过高，肉片粘连，外焦内生；油温过低又会导致肉片脱糊变形，柴老干硬。所以，过去不是什么地方都能做出一道正宗山西过油肉的。由于山西出产煤炭，炭火火力旺，后劲儿足，很适合旺火快炒。再说这点醋，醋在山西菜肴的烹调中很有讲究，晋菜大师一般在旺火快炒时采用点醋法来调味，在制作过油肉时，醋要点得适时适量，既要达到去腥增香的目的，又绝不能让醋味盖过过油肉本来的味道，所以正宗的过油肉一定有淡淡的醋香。一道标准的过油肉色泽金黄透亮，味道鲜香，稍有醋意，芡汁适量，不薄不厚，口感外软里嫩。

现如今，为了迎合大众口味，不少餐馆在传统过油肉基础上做了不少改良。在过去，过油肉要用猪油来炒，只有这样做出的味道才会更香。现在人们为了追求健康，一般不再用荤油做菜，所以一般饭馆都以素油来代替。在肉的选用上，现如今不少饭馆为了降低成本，常常用猪后臀肉代替里脊肉。虽说其肉质也很细嫩，但相对于里脊肉而言口感偏老偏柴。有的饭馆甚至用鸡脯肉来代替里脊肉，口味比起正宗过油肉就更为逊色了。

近些年来，过油肉的制作形式也越来越丰富，有的饭馆加入了海参、裙边、台蘑等名贵食材作为配菜，有的用蒜苔、洋葱、小花卷等作为辅助，衍生出了诸如海参过油肉、尖椒过油肉、白菜过油肉、蒜苔过油肉等新品种，满足了大众需求。不过如果您要是到了太原，想尝尝这正宗过油肉的味道，还得去山西会馆、林香斋这样的老字号。

肥而不腻的酱梅肉

在中国的烹饪技法中，蒸是一种古老又常用的烹饪方法。考古人员在仰韶文化遗址里曾经发掘出一种名叫“甑”的器具，据专家分析，这就是存世最早的蒸具，也就是古代的蒸锅。当时的人们要蒸制食物时，先在甑的下方注入适量清水，再将食材放在箅子上，之后在甑的底部烧火，通过加热后的水蒸气将食物蒸熟。古人之所以较早采用蒸这种烹饪方式，是因为蒸制

酱梅肉

有很多优点，可以适用于质地老韧、细嫩或精细加工后要保持形状的食材，整只、厚片、大块、粗条为主的食材也适合蒸制。

在现代人看来，蒸制还是一种更为健康的烹饪方式。食材经过调味后放入容器中，通过水蒸气的高温将食材加工成熟，在此过程中食材与水相隔，能够较好地把其中的营养成分保存下来，同时保持食材的原汁原味，比起炒、炸等烹饪方法，蒸出来的饭菜所含的油脂要少得多。此外，蒸制过程中能很好地锁住原料中的水分，食材的原本味道可以很好地保留在菜肴中，吃起来原汁原味，色香味俱佳。

在晋菜中，蒸这种烹饪方法也被广泛运用。其中，酱梅肉就是蒸菜中的代表。制作酱梅肉，要选用肥瘦相间的猪五花肉。其做法是：先将带皮的五花肉切块冷水下锅，加葱、姜片煮半小时，再将煮成半熟的肉取出，放凉后切成半厘米厚的片备用。切肉时要注意不能切得太薄，以防蒸得过于软烂，食用时无法夹起。接下来调腐乳酱，将三四块腐乳加盐、糖以及花椒水搅拌均匀调成酱汁，之后将切好的五花肉片依次蘸上酱汁。再取一碗，将蘸好酱汁的五花肉片肉皮朝下码入碗中，碗口封上保鲜膜放入蒸锅，大火蒸一小时左右。出锅时，撤掉保鲜膜，取一盘子覆在碗口，一手托碗，另一手将盘子压紧后瞬时倒扣，把碗揭开后，一盘色泽红艳、肥而不腻的酱梅肉就呈现在面前了。

相传，酱梅肉是一位名叫常威的商人发明的。常威是晋商常氏家族的发家始祖。常氏家族出自晋中榆次车辋村，从明朝末年开始逐步发展，到了清代中叶，成为当时山西最具影响力的商业集团之一。常威20岁时只身徒步赴张家口经商，他恪守晋商一贯节俭勤劳的传统，经过十余年的艰辛积累，终于从背着褡裢做小买卖的“行商”发展成为拥有店面的“坐商”。在常威的辛勤打理下，常家的事业在张家口迅速发展。后来，常威在张家口设立“大德常”和“大德玉”两个字号，分别交由两个儿子打理，这两家字号日后都发展成为张家口地区的两大商业集团。

常威年轻时酷爱读书，常常以读书人自居，眼见生意有了起色，他便急流勇退，将生意交给儿子们经营，自己则回乡专心教孙辈们读书。常威请来最好的私塾先生为孙儿们授课，自己每天与孙儿们同吃同住，关心他们的起居生活，甚至一有机会就为孙儿们亲自授业，就是想在下一代中培养出几个好苗子来，好把这庞大的家业传承下去。在常威的亲自过问下，孩子们读书都很认真，但美中不足的是，这些个读书郎平日里娇生惯养，吃饭总爱挑三拣四。每到开饭之时，孩子们总是把菜中的肥肉挑出丢弃，常威看在眼里，很是心疼，白手起家的他深知创业之艰难，实在见不得孙儿们浪费食物。常威在外打拼了大半辈子，虽然有了万贯家财，但平日里吃饭甚为节俭，常常是粗茶淡饭，很少另外加菜，有时仅用酱豆腐下饭，面对孙儿们丢弃的肥肉，他总是自己捡来吃掉。

这一天，常威见孙子们饭间又丢弃肥肉，于是赶忙捡起来，就着酱豆腐和馒头吃起来，谁知这么一尝，感觉咸香可口，不肥不腻，甚是好吃。于是他叫厨房用酱豆腐调味，久而久之，家厨每次制作猪肉时必加酱豆腐，一个偶然的机会，厨房用五花肉拌上酱豆腐上锅蒸熟，发现颜色红艳，如冬日绽放的腊梅一般煞是好看，于是取名“酱梅肉”。后来酱梅肉因其色香味美深受人们喜爱，逐渐在晋中一带传播开来，成为当地“八碗八碟”当中的重头菜，是各类宴席上不可或缺的项目。

现在酱梅肉在传统吃法上又进行了改良，配以荷叶饼、葱丝、黄瓜丝等，吃起来更加方便可口，其肥而不腻、软糯可口

改良后的酱梅肉

的特点深得顾客称赞，成为一道山西地方特色菜。

自成一派的大同什锦火锅

中国有着广袤的地域和众多的人口，生活风俗也不尽相同，饮食习惯更是多种多样，同样名称的食物背后往往有着不同的形式和内容，火锅便是其中一例。不同于川渝火锅的热辣，云南火锅的自然，潮汕火锅的朴素，山西大同的什锦火锅自成一派。

大同的冬天格外寒冷，人们欢聚在温暖如春的室内，无论聚餐还是宴席，都会点一个锅子，这个锅子往往就是什锦火锅。“什锦”二字意为由多种原料或花样拼成，什锦火锅顾名思义就是用多种食材制作而成的火锅。大同什锦火锅的用料非

什锦火锅

常丰富，有烧肉、丸子、鱿鱼、海参、鸡块、白菜、干豆角、胡萝卜、炸豆腐、炸土豆、蘑菇、木耳、黄花、海带、虾仁和粉条等。各种荤素搭配的食材码在一起，不仅色泽诱人，味道也富有层次感，再加上烧肉的回锅汤和鸡汤，让人垂涎欲滴。

什锦火锅的制作方法并不复杂，但要想做好也不是件容易的事，关键在于各种菜品的搭配和摆放，不仅要荤素搭配，还要注重色彩协调，这样才能保证汤鲜味美，外形美观。其码放的原则是，食材本身味道较轻的放在火锅的底层，像烧肉、鸡块、丸子等味道较重的食材放在火锅的表面，这样做就是为了让不同食材的味道充分融合。其具体做法是，先将各种原材料切成段或片备好，把白菜、木耳、黄花、细粉条等装在铜火锅底部，撒上海米，摆上丸子。再将大虾、鱿鱼卷、烧肉、炸豆腐等按不同的颜色，荤素相间摆放在上面。食材摆好后，加入烧肉时候预留下的回锅汤或鸡汤，加盐、鸡精等各种作料后盖上锅盖，然后再把烧红的木炭放入锅膛内，待汤烧开后就能揭盖食用。

做什锦火锅的食材虽然简单，但离不开大同产的铜火锅。铜火锅是一种将取火与用锅功能巧妙结合、把锅灶搬到饭桌上的食具。大同铜火锅由底盘、火座、锅身、锅盖、火筒、筒盖六个部分组成，高一尺有余，形如宝塔。火锅一般由紫铜制作而成，因为铜的导热系数大，加热时间短，可以缩短炖煮时间。锅里镀锡，既防锈消毒，又容易清洗，还可以保持食物原来的味道。制作什锦火锅时，将烧红的木炭放入火座内即可加热，在使用时还可以通过开关筒盖来控制空气的进入量，以调节火力大小。

看到这里一定有人会问，为什么铜火锅在大同地区这么流行呢？在这里先穿插一个小故事。相传明代初年，明朝开国皇帝朱元璋第十三子朱桂被封为代王，驻守大同。朱桂这个人没别的爱好，就是喜欢和臣子们宴饮，一年四季立酬不断，但到了冬天可不那么方便了。大同作为塞外苦寒之地，冬季格外寒冷，常常是宴会刚进行到一半，席上的酒菜已冰凉，朱桂常常为此而烦恼。看到此种情景，有一位聪明的官员想，何不将菜品一直加热以保持温度呢？于是他召集工匠，按照自己的设想

大同铜火锅

制作了铜火锅献上，从而解决了宴饮之时酒菜变冷的问题。由于这位官员奉献火锅有功，当场被加官三级，所以直到今天当地人还把铜火锅称作“速升锅”。这个故事从侧面反映出铜火锅的产生与自然环境的关系。大同地处雁北塞外，气候寒冷，火锅既可作为食具，又可取暖，还方便耐用。久而久之，铜火锅便成为每家每户必备之物，并且逐渐成为当地著名的工艺品。由于铜火锅光泽明亮的外形、富丽堂皇的色彩、浓郁的民族风格和独特的地方艺术特色，使其不仅拥有居家实用价值，而且具有很高的艺术欣赏价值。

大同能够作为铜火锅的发源之地还得益于其悠久的制铜历史。大同的制铜业早在北魏时期就享有盛名。唐宋时期大同的铜器已畅销全国。到了明清时期，大同的铸铜、制铜等行业已相当繁盛，当时在钟楼附近的一条街上，光制铜作坊就有数十处，均系子承父业，世代相传，故称“铜匠街”。此情形在民国大同志稿中有所记载：“大同虽非铜区，而铜制品向颇著称，物美价廉，多运往外蒙古地方。其大宗售品有铜锅、铜壶等物，尤以火锅为最。自平绥路通车，中外游人旅客咸乐购置之，用作馈赠，其销路愈畅，本品愈多，故手工业中，铜工最为独步。”

作为一种既有实用性，又富观赏性的工艺品，大同铜火锅的生产较为复杂，要经过部件成型、焊接、镀锡、錾雕、抛光、组装等工序，其中既有精密铸造技术，又有美工设计和錾雕工艺，成为大同手工艺中的一绝。

山西的水席：高平十大碗

提到高平这个地名，也许知道的人不多，但要说起历史上的长平之战，恐怕不少人都有所耳闻。那场战争的规模之大、战况之惨烈、影响之深远，在中国古代史上留下了浓重的一笔。这场秦国和赵国之间的战争加速了中国统一的进程，为中国建立统一的多民族国家奠定了基础。而高平在战国时期就叫作长平邑，长平之战就是在这里发生的。

那不时出土的铜箭头、尸骨坑，是历史无言的诉说，而高平十大碗反映的是当地特有的饮食文化。高平十大碗也叫“高平水席”，是我国古老的筵席之一。因道道菜离不开汤水，故得其名。高平十大碗共十道菜：水白肉、核桃肉、红烧肉、小酥肉、肠子汤、芥末粉皮汤、丸子汤、天河蛋、软米饭、扁豆汤，一碗一个风格，一碗一个味道。因其餐具用的都是碗而不是盘，碗中之菜呈汤水状，又有“碗汤菜”之称。

用来做这十大碗的食材主要是猪肉。过去高平人宴请宾客的时候往往都会在家里杀一头猪，杀洗过后，厨师会把猪肉按不同部位不同类别分割开来，不同部位的肉用来做不同的菜

高平十大碗

品，比方说瘦肉要切成条，用于做“核桃肉”，肥肉切成片，用于做“水白肉”，就连猪肚猪肠等也全都派上了用场。

从做法上看，十大碗除软米饭、天河蛋之外，烹饪手法就一个，那就是氽。先将原料用炸、蒸、烹等方式做成半成品，然后用高汤来氽。厨师把切好的肉用油、盐、酱、醋、葱、姜、淀粉等作料拌好，下油锅炸熟，再上笼屉蒸。比方说小酥肉，先把猪的后臀肉切成条状，拌上鸡蛋、淀粉、料酒、盐腌制一段时间，再入油锅炸制，炸过后入笼慢蒸，蒸透后再用事先备好的高汤汆一下即成。一碗酥肉出锅时，色泽明亮、肥而不腻、酥而不烂、香气四溢，吃起来味美汤鲜，颇具风味。

“十大碗”中还有几道是素菜，都是就地取材。最有代表性的当数天河蛋，但做这道菜工序繁多，选料考究。首先要选用当地产的新鲜红薯，如果要在冬季制作，则用地窖中保存好的红薯。先用大火把红薯蒸烂，然后扒去表皮，和黄米面、玉米面、淀粉等按比例揉在一起，加入少量的糖，用手搓成乒乓球大小的圆球后下到锅里油炸。炸好的天河蛋焦黄饱满，十分可爱。把炸好的天河蛋分别码在碗里，再用蒸屉将一碗碗天河蛋蒸透。上桌前，厨师把冰糖、红糖、蜂蜜混合在一起放入油锅中加热融化，制作成“糖稀”浇在蒸好的天河蛋上，再撒一些青红丝，其色娇艳，其味绝佳。

传说这十大碗原本是古代用来祭祀的供品。在一次祭祀过后，突然天降大雨，盛有供品的碗里面顿时灌满了雨水，老百姓舍不得浪费掉，把供品拿回去和着雨水一烩，发现味道还不错，慢慢就演变成这种烹饪方式，流传到今天就成了高平十大碗。但这毕竟是传说，其实十大碗的产生和其地域文化有关。高平位于泽州盆地北端，太行山西南边缘，晋东南地区饱受中原文化影响，十大碗与中原地区的水席有异曲同工之处。据考证，十大碗产生年代历史久远，从商朝的时候人们就用这种形式制作食物了，在古代被称为“羹”。有人说这是现在存世最早、最系统的中华美食，反映了当时人们高超的烹饪技艺和聪明才智，同时也反映了中华民族悠久的历史和文化。

闻名海内的平遥牛肉

“平遥的牛肉太谷的饼，杏花村的汾酒顶有名。”这句脍炙人口的民歌中唱出了山西三大名产：汾酒、太谷饼、平遥牛肉。人们对汾酒的清香甘冽和太谷饼的绵软香甜早有耳闻，而其中的平遥牛肉也以醇香味美蜚声省内外。

平遥牛肉主要产于晋中平遥一带，质量以平遥南政、宁固等村和介休郝家堡村所产最为上乘。由于这一带所产牛肉质量好，产量高，历史上大都由平遥集散，故统称为“平遥牛肉”。

在晋中的平遥介休一带，历史上就有养牛的传统。据平遥县志载，早在汉代，这里的人们就“卖剑买牛，卖刀买犊”，通过市场交换和逐渐繁育，渐渐形成了养牛的风气。当时人们养牛只是为了耕田，而不是用来杀掉吃肉。因为在传统农耕时代，耕牛是重要的生产工具，宰杀耕牛是被禁止的，在唐代杀牛者要坐牢，而在汉代，杀牛者甚至会被处以死刑。但是当耕牛年老无力劳作后，经官府核验，人们可将其宰杀，制成熟牛肉食用或者售卖。由于养牛之风盛行，久而久之，这里形成了一套独特的牛肉制作工艺。

据说在北朝时期，黄河流域一带战乱频生，匪祸横起，平遥地处交通要冲，自然难以幸免。有一日，一户人家宰杀了耕牛，刚刚把牛肉下锅，就听到外面一阵嘈杂，匪兵又来祸害乡里。逃难要紧，这户人家来不及将已下锅的牛肉带走，只好匆忙在锅中加入大量咸盐，将牛肉先腌起来，以待日后再来处理。几天之后匪兵退去，人们回到家中发现盐水浸泡的牛肉还未腐坏，清洗后再次入锅卤煮，发现这次煮好的牛肉比按之前做法做出的牛肉肉质更为绵软、肉味更加醇香可口，于是这种先腌后煮的方法就成为日后制作平遥牛肉的标准程序。

据说，明代时期平遥牛肉便已闻名省内，到了清代后期，平遥牛肉随着晋商货通天下的脚步走向全国。20 世纪 30 年代，平遥牛肉已远销北京、天津、西安等地，成为北京城内达官显贵宴请宾客的必备之品。当时，每逢秋冬季节，各地行商纷纷来到平遥贩运牛肉。牛肉制作好后，商人们用麻纸将其仔细包装妥当，趁天气凉快启程，能够运至千里之外，使得平遥牛肉闻名全国。中华人民共和国成立后，平遥牛肉在全国食品名产展览会上被评为全国名产，可谓实至名归。现在，平遥牛肉利用现代真空包装工艺，更是远销世界各国，飘香海外。

说起平遥牛肉的制作，那可是大有诀窍，概括起来就是“相、屠、腌、卤、修”五个字。首先，制作平遥牛肉要选用无病无残、体躯丰满、体重不低于300千克的肉牛。别的地方制作牛肉都喜欢选用年龄较小的牛，认为这样的牛肉更嫩，但制作平遥牛肉却更青睐选用老黄牛，因为当地人认为牛越老肉越香。在屠宰时，平遥本地用的是“平刀大拉法”，看准位置后下刀要快，一刀下去便要切断牛的两根主动脉，使血流尽快喷涌，以保持牛肉鲜艳的色泽，同时还能防止牛在屠宰时受到过分惊吓而导致肌肉紧缩，防止肉质过紧。屠宰完成后要将牛肉分割开来，熟练的屠宰匠杀牛剔骨、分割肉块动作一气呵成，前后仅需15分钟。在分割时，要根据季节和牛肉部位，将全牛分割成20块上下，然后在肉块上划开数个刀口，揉进当地特产的硝盐，再将牛肉放入大缸之中，加入平遥城内卤水井中特有的卤水浸泡腌制。腌制牛肉所用的硝盐，为平遥当地

平遥牛肉

所特有。据平遥县志记载："平遥城东有塘，底白土，百姓取土熬盐，味甚佳。"特别是用此盐加工出来的牛肉别具风味，格外鲜美可口。牛肉腌制时间因季节而异：夏季为 5 ～ 7 天，春秋为半月，冬天则要 1 个月。腌好的牛肉捞出洗净后放入特制的大锅中煮制，煮肉的火候也很关键，要求"水深要把肉漫过，汤沸锅心冒小泡"，牛肉煮好后，其香味四溢，色泽红润，肉质鲜嫩，醇香可口。最后是修整，一来修去多余的边角料，二来方便卖家根据牛肉的部位、优劣划定价格，体现了传统晋商诚实守信的经营理念。目前平遥牛肉的制作方法已经被列入国家级非物质文化遗产代表性项目名录。

现在，色香味俱全的平遥牛肉已走进了寻常百姓家的餐桌，是逢年过节、招待亲友的必备佳品，而且久食可扶胃健脾，具有一定的保健功能。

"六味压三晋，香冠美群芳"的六味斋酱肉

太原的六味斋酱肉店是山西响当当的老字号，专营熟食类产品。年节时分，如若在款待亲朋的家宴上有几样六味斋的熟肉，那自然增色不少，是当地人们餐桌上不可或缺的"硬菜"。在山西太原有这么一句老话儿："杏花村里老白汾，太原城内六味斋。"说的就是六味斋的熟肉在太原市民餐桌上的分量。

说起六味斋的历史，还有一段有趣的故事。起先六味斋不是在山西创立的，而是在千里之外的北京城。清朝乾隆三年（1738年），山东人刘德山和儿子远道而来，在京城西单牌楼附近开了一家肉铺，取字号为“天福号”，专门制作售卖各种肉食。刘老板父子俩起早摸黑，苦心经营，由于小店地理位置不错，生意还可以，积累了不少主顾，其中还有不少是京城里的名门望族。

一天晚上，刘老板将第二天所要卖的酱肉下锅后就去睡了，留下儿子值夜，负责看管煮肉的汤锅。毕竟是年轻人，小刘老板渐渐耐不住寂寞，百无聊赖中不知不觉睡着了，这一觉醒来天已微明，等到刘老板一早前来查看时，锅里已是黏稠一片，肉烂如泥了。此时重新再煮是来不及了，刘老板顾不上责备儿子，眼看就要开张营业，无奈之下，父子二人一起动手将锅里尚能捞出成形的酱肉小心捞出，一块一块摆到铺面上准备将就卖掉。

真是无巧不成书，一转眼的工夫有人便将这些软烂无比的酱肉买了去。而这天的买主正好是朝中的一位大官，为了在家宴上招待同僚，他特地差伙计一大早就去采办。等宾客坐定酒菜上桌后，这位主家上眼一瞧顿感疑惑，他发现今天的酱肉和往日颇有不同，只见这酱肉外观酱红，肉皮油亮，看起来煞是诱人。试着夹起一片入口一尝后更是一惊，今日的酱肉吃起来绵软利口，肥而不腻，瘦而不柴，味道鲜香，回味无穷。在场的官员们品尝之后也无不夸赞，这将就卖的酱肉歪打正着，成了宴席中的招牌菜。后来这个消息不胫而走，主顾越来越多。刘老板趁势改进工艺，使得天福号的酱肉名气越来越大，就连宫里的太后和皇上也专门差人来买他家的酱肉了。

1938 年，天福号在太原设立分号，经营酱肘子、烧鸡、卤鸭等熟肉。起店名时，掌柜和伙计们颇动了一番心思，在店铺前冠以什么字号才好呢？大家七嘴八舌议论起来。在大家僵持不下时，一位伙计说道，凡是吃的东西，一般有酸、甜、苦、辣、咸，也就五味俱全了，咱们给它再加一个“香”味如何？就叫“六味”吧。大家听后觉得很有道理，就一致同意了。掌

六味斋酱肉

柜又在这“六味”二字的后面加上一个“斋”字，更显雅气，于是这“六味斋”的字号便由此而生了。中华人民共和国成立前夕，太原有不少老字号由于时局动荡纷纷关门歇业，惟有六味斋以其“六味压三晋，香冠美群芳”的盛誉留存下来，让人们直至今日还能品尝到其香冠三晋的酱肉。

六味斋酱肉之所以美味独存，就在于其几百年来一直保持着独有的技艺和加工方法。从选肉、分割、调味、卤制、酱制，到最后的刷酱都有严格要求。在煮制过程中，严禁掀开锅盖察看，所以武火、文火要把握适度，要“一闻、二看、三摸、四听”：一闻肉的气味，二看肉的色泽，三摸肉的软硬，四听汤的浓度，只有这样才能制成色香味俱全的六味斋酱肉。

如今，六味斋酱肉依然是太原市民待客的上品，不仅过年过节，就连平常的亲朋聚会，酱肉也是餐桌上必不可少的一道美食。近年来，六味斋除了传统的肉制品，还开发出了面点、豆制品、快餐等系列产品，百年老字号走上了快速发展的现代企业之路。

阎府家宴的招牌菜：定襄蒸肉

定襄蒸肉是晋北一带的传统名吃，在忻州一带颇受欢迎，

定襄蒸肉

是当地宴席上不可或缺的一道美食。定襄蒸肉以猪瘦肉为主要原料，辅以土豆、淀粉及各种调味品精制而成，具有口感绵润、回味悠长的特点。金代文学家元好问曾作诗赞道："银点和合翻玉屑，五味俱全共和调，此味只应天上有，人间有此能多少？"可见其味美。

1934年蒋介石夫妇来到山西，第一天在太原与阎锡山会晤，第二天便前往定襄河边村，探望阎锡山病重的父亲。为了体现山西特色，阎锡山在府上专门用定襄的特色宴席"五盔四盘"宴请了蒋介石夫妇，其中的五盔为红烧猪肉盔、红烧牛肉盔、萝卜丸子盔、红烧豆腐盔、红烧土豆盔，四盘为定襄蒸肉盘、清烹莲菜盘、豆芽粉丝盘、凉拌海带丝盘。定襄蒸肉就是这四盘中的一盘。蒋介石夫妇远道而来，在定襄品尝了这种极富地方色彩的美食，席间赞不绝口。

定襄蒸肉制作工序

定襄蒸肉的原料很容易准备，但工序却很复杂。首先要选用肥瘦适宜的猪肉，因为如果肉太瘦了，做出来的蒸肉就会发柴，反之就会发腻。先将猪肉切成寸长指厚的条，加入五香粉、料酒、味精、盐，置放一到两个小时，目的是让肉入味。与此同时，将削好的土豆大火蒸软，然后捣成土豆泥，一般土豆与猪肉的比例为一比一。再向其中加入几勺淀粉、面粉和水，用手打成稀糊状。在这一步骤中，淀粉的用量是制作蒸肉的关键，淀粉加多了，蒸肉没有肉味，口感不好，淀粉加少了，蒸出的肉较为松散，不能成形，所以只有有经验的师傅才能恰当把握比例。最后将腌好的猪肉拌入土豆糊中装入容器，上屉快火加热，等容器内外温度一致后，再改用慢火蒸一到两个小时后即熟。肉蒸好后，把蒸肉的容器取出晾凉后倒扣在案板上，把蒸肉分离出来，然后切片食用就可以了。

现在，制作蒸肉也成为了一个产业，现代蒸肉制作继承了原先的传统工艺，并引进现代科技推陈出新，做出的蒸肉具有色香味美、口感绵润、多食不腻等特点。当地的厂家也为蒸肉加上了真空包装，所以无论定襄的游子离家多远，如今都能在各地品尝到这家乡的味道了。

人间第一香：长治腊驴肉

在我国河北、山东一带不少农村地区普遍养驴。过去，驴在社会经济中占重要地位，不仅是传统农户耕田拉车的重要帮手，也是传统中药的主要来源，用驴皮熬制的阿胶具有补血、滋阴、润肺、止血的功效，从古至今都是滋补气血的良药。至于驴肉，也颇受大众欢迎。俗话说“天上龙肉，地下驴肉”，驴肉号称是“人间第一香”，其美味可见一斑。在这一带有不少与驴肉有关的名吃和传统食品，比如河北的漕河驴肉火烧、河间驴肉火烧，山东的广饶肴驴肉、青州府夹河

长治腊驴肉

驴肉等。而在山西长治，也有一道关于驴肉的特色美食，那就是长治腊驴肉。对于喜爱美食的朋友而言，长治有三宝：驴肉、凉粉、酥火烧。这里提到的驴肉就是腊驴肉，因其制作于腊月而得名。它以当地的驴肉为主要原料，配以各种作料精制而成，其做工考究，色泽鲜艳，醇香可口，享誉古今。作为长治的传统地方名吃，其肉质肥而不腻、瘦而不柴、香气四溢、回味无穷。

据说这腊驴肉是从明朝时期开始盛行于上党地区的。相传明代初年，朱元璋之子沈简王朱模被封于潞州，朱模无事时常常带着仆役游荡于潞州的大街小巷，四处寻找当地的特色小吃。而上党地区物阜民丰，小吃品种繁多，让其大开胃口。而他最喜吃小摊上的酥火烧与腊驴肉，为此他还发明了一种吃法，把切好的驴肉夹到刚出炉的火烧里，火烧的热乎劲儿加上

长治腊驴肉

驴肉的香，就这么张嘴一咬，别提多么过瘾了。慢慢地，这种吃法流传开来，成为了当地别具风味的小吃。到了清代，腊驴肉受到朝廷青睐，成为了宫廷供奉。这里还有一段动人的故事流传下来。相传光绪初年，山西持续大旱，树皮草根被食尽，饿殍遍野，由于这场旱灾以丁丑年（1877 年）和戊寅年（1878 年）最为严重，又被称为“丁戊奇荒”，而潞州地区受灾尤为严重。到了腊月二十三，要给皇上和皇太后的贡品还未采办好，知府没有办法，便将平日里供府内役使的两头毛驴杀掉，用当地的做法煮了一锅驴肉，再用麻纸、红布逐层包装后进贡到北京。这天，慈禧太后用膳，传膳的小太监将潞州府进贡的腊驴肉给老佛爷夹了一筷子，慈禧太后品尝过后，感到醇香可口、回味深长，便问这是何方进贡的贡品，小太监回答说，这是出自潞安府的腊驴肉，并给慈禧太后讲了这驴肉

的来历。在得知潞安府现状后，慈禧百感交集，下旨免了潞州府的贡赋，并特批周边地区开仓放粮，以赈济当地灾民。

因为长治腊驴肉制作工艺繁复，才成就了这百年美味。其秘诀是传统的“九”字诀制作技法：将屠宰好的驴肉分九个部位，切块后至少浸泡九个时辰，再用花椒、八角、桂皮、香叶等九种调料炖煮，煮透之后再将驴肉浸入老汤，压石块煨炖九个时辰，最后方能出锅。长治腊驴肉具有较高的营养价值，是理想的高蛋白、低脂肪食品。此外，腊驴肉还有一定的滋补功效。《本草纲目》第五十卷中记载：“驴肉味甘、无毒、解心烦、止风狂、能安心气、补血益气、治远年劳损。”中医认为，驴肉性味甘凉，有补气养血、滋阴壮阳、安神之功效，适于积年劳损，久病之后的气血亏虚、短气乏力、食欲不振。所以长治腊驴肉也可作为脾虚肾亏者的辅助食品，常食之有一定的食疗作用。游客若有机会来长治转转，别忘了尝尝这充满山西特色的腊驴肉哦。

比肩金华火腿的安泽火腿

提起火腿，人们就会不约而同地想起浙江金华火腿，其外形美观，肉色鲜艳，芳香独特，风味诱人，有色、香、味、形四绝之称。金华火腿的制作始于唐代，距今已有一千余年的历

晾制中的安泽火腿

史。到了宋代，浙江抗金名将宗泽曾把自己家乡的“腌腿”进献给朝廷，宋高宗赵构见这腌腿肉色鲜红似火，于是便赐名为“火腿”。中国出产火腿的地方大都分布在南方地区，如浙江金华、云南宣威、江西安福和江苏如皋，这些地方出产的火腿各具特色和风味。但是在中国的北方也有一地盛产火腿，那就是山西的安泽县。那里出产的火腿色泽鲜红，气味浓香，味道鲜美，享誉省内外。据《安泽县志》载：“金华火腿而外，以安泽火腿为最，亦土产中之绝佳者”“宦游他处者，每购以馈亲友焉”。说明这里制作火腿已有了一定的历史，其品质也不逊于金华火腿。

据说在明朝末年，一位浙江金华籍的县令来山西上任，上任的地方叫作岳阳县，此地因其地界位于霍山与太岳山之阳，故被称为“岳阳”。这里四季分明，降水丰富，素有“北国小江南”的美誉。虽说山西表里山河，交通不便，但这位县令看到这里风景如画，气候宜人，和自己家乡的自然环境极为相似，在这里为官别提多惬意了，上任途中的愁绪一扫而光，正好乐得自在。

日子一天天地过去，虽说此地环境不错，但这位县令心中还是感觉在此为官有个美中不足之处，就是这里的饮食条件实在比不上富庶的江南。上任以来每日粗茶淡饭实难下咽，而且这里的饮食风俗也和家乡大为不同。独在异乡为异客，这位县令远离家乡做官，每每想起家乡用火腿做菜的情景，不禁为之动容。但山西距离浙江数千里地，路途遥远，交通又时常壅塞，想吃家乡的火腿却总不能如愿。后来他想出一个办法，那就是直接从家乡重金聘请一位制作火腿的师傅，请他在这里制作火腿，不仅能解县令思乡之苦，还能把浙江的手艺传到山西，为民造福岂不美哉？于是县令立即差人去办此事。师傅来到岳阳后，按照金华火腿的制作工艺，在岳阳做起“金华火腿”来。火腿做成后，县令一尝，味道和家乡的火腿相差无几，不禁连声叫好。这位县令如愿以偿品尝到家乡的美味，心情大悦，于是将金华火腿的制作方法传授给当地百姓，火腿的制作工艺也就在这里流传开来。

到了清代，岳阳火腿已成为火腿中的上品，远销京城。1914 年，山西岳阳县因与湖南岳阳县重名，不得不改称。当时的北洋政府出台了“施行各省同名之县存一而改其余各县”的决定，其更名原则是“凡两县同名者存其先，新定者或通商大埠还其旧”，湖南的岳阳县名得以保留，而山西岳阳县只好更改名字。当时县内北部有一地名为“安吉”，南部有一地名为“泽泉”，取两地的首字组成新的县名，于是山西岳阳县遂改称安泽县，而岳阳火腿也随之改称安泽火腿了。

安泽火腿在制作方法上虽与金华火腿有异曲同工之处，但从原料选用到具体加工工艺上，均结合本地情况加以改进，有其独到之处。制作火腿一般选在秋后天凉之时，选择本地的土猪宰杀之后将两条后腿旋下，再把割下的猪腿用食盐和土硝反复搓擦，然后放进用砖砌的池子里腌制，这种池子砌在室内，室内温度要一直保持在 30℃以上，这样腌制一个多月后，再搓一次盐，如此反复三到四次，腌制时间长达四五个月。到第二年开春之时，将腌好的火腿取出，再在上面涂抹小磨香油后在阳光下翻晒，经过这样反复几次后，火腿便制成了。

腌制好的火腿一般在清明前后上市，因为安泽火腿含盐分较多，可在一定条件下贮存数年而色味不改，越陈越香。一条好的安泽火腿外形美观、肥瘦得当、肉质细嫩、味道鲜美，既可以切片炒菜，也可以用来炖汤，还能与其他菜肴混搭佐配，做法繁多，品质也不逊于金华火腿。

塞外一绝：大同羊杂汤

到山西大同一游，若不尝一碗当地特色的羊杂汤，那算是白来了。羊杂汤是以羊的头、蹄、心、肝、肠、肺、血等原料烹制而成的一道风味小吃，在山西全省各地和周边省份都颇具人气。在大同，羊杂汤分为全羊杂和加粉羊杂，全羊杂全部由羊下水制作而成，仅加辣椒、香料用来提味，不添加其他辅料。加粉羊杂就是在羊杂里再加入马铃薯粉条，中和了羊杂中的油腻，各有特色。在寒冷的冬天，喝上一碗热气腾腾的羊杂汤，其色红亮诱人，其味香辣可口，味道鲜美，香而不膻，辣而不燥，令人食欲大开，是一道暖胃驱寒的佳肴。

大同古称云中、平城，位于山西北部，与内蒙古、河北相邻，地处黄土高原边缘、长城以外，自古以来就是塞外之地。大同历史上一直处于半游牧民族地区，实为全晋之屏障、北方

大同羊杂汤

之门户，是山西进入草原的重要通道。由于这里临近内蒙古，饮食习惯深受少数民族影响。

据说，人们吃羊杂的习俗始于元朝。元朝建立后，蒙古统治者入主中原，大量蒙古人越过长城，在内地和当地汉民杂居相处。这些进入内地的蒙古人还保留着以前的生活习俗，平

日里放牧为生，以牛羊肉为主食。但蒙古人在杀羊时只留下羊肉，而羊的内脏、头蹄却丢弃不用。周围杂居的汉族人看到后甚感可惜，于是便将蒙古人丢掉的羊下水拾回后洗净，配上各种作料炖煮一番，食后发现味道甚美。后来，这一吃法便在山西民间流传开来。人们认为这种吃法是将羊身上杂七杂八的东西“搁”在一起，还得用刀割碎，于是这种吃食就有了“羊杂割”这样一个名字。

最早的羊杂汤中只有纯羊杂，不加入粉条之类的东西，吃起来更加纯粹。当时的调味料也没有辣椒，因为当时辣椒还没有传入中国，所以以前的羊杂汤主要通过葱、姜、蒜、胡椒来调味。据现在一些上了年纪的人回忆，以前传统的羊杂汤中仅会加入一些白菜叶，这样做出的羊杂汤油而不腻，而且还能冲淡羊膻味。后来，人们在制作羊杂汤时开始加入粉条之类的辅助材料，这就和现在的做法更为接近了。

作为大同的特色美食，羊杂已经融入当地人们的生活当中，成为平日里必不可少的食品。在大同，人们一般将羊杂汤当作一顿早餐。早晨起来后，在街边喝上一碗热腾腾的羊杂汤，既驱寒又解馋。喝羊杂汤时如果配上油糕或者莜面，又是一顿丰盛而营养的大餐。

在大同，无论是在城市还是在乡村，不管是新人结婚回门，还是孩子满月圆锁，主家都会在一早的时候准备好热气腾腾的羊杂汤来款待宾客。在这里，辛苦工作一天后吃上一碗羊杂汤，和着那股子辣劲儿，赶走了疲惫，温暖了脾胃，顿时能感觉到生活在这北方小城里的闲适和惬意。

地方小吃

小吃是具有特定风格特色的食品的总称。小吃发源于地方社会，就地取材，特色鲜明，风味独特，能够突出反映当地的物质文化及社会生活风貌，是体现一个地区民俗特色的重要载体。山西小吃众多，形态口味各异，品尝小吃也是了解山西各地风土人情的重要窗口。

历史悠久的药膳：头脑

一过白露时节，天气渐凉，对于“老太原”来说，又到了一年赶头脑的时候了。天刚蒙蒙亮，路上的行人还不多，他们早已包裹严实，赶着去喝这一碗热腾腾的头脑，人们管这叫作“赶头脑”。头脑是山西特有的一种风味早点，过去只在每天天亮之前售卖，如果去晚了就错过了，所以要急急忙忙赶着去吃。

有人说头脑是明末清初的山西名士傅山创制而成的，流传至今已有三百多年的历史。傅山是山西阳曲人，别称傅青主，是明清之际山西颇具影响力的思想家、书法家、医学家。明亡之后，他积极联络各地志士进行反清复明，后举事失败，隐居于太原城郊的寺院当中。他不但精于书法诗文，还精通医术。相传其母亲陈氏晚年多病，身体孱弱，为了给老母亲调理身体，他潜心研究，创制出了一种名为“八珍汤”的药膳，主要

 头脑

由黄芪、良姜、煨面、莲菜、羊肉、山药、酒糟、羊髓配制而成，据说有固本养元、强身健体之功效。时值秋冬时节，傅山的母亲服用过八珍汤后，顿时感觉寒气散去，通体温热，持续服用一段时间后身体康健，百病皆消。后来陈氏常饮此汤，活到八十四岁才去世。傅山反清复明不成，遂将此八珍汤的配方传于一家饭馆，并给饭馆题名“清和元”，将八珍汤改名为“头脑”，意思是让食客们都去享用蒙元统治者和满清统治者的“头脑”，聊补自己国破家亡之愤。

“头脑”上市是有时节的，因此想要吃到这“头脑”可不大容易。由于“头脑”是温补之食，宜秋冬不宜春夏食用，所

以只有在农历白露到翌年立春期间，太原各清真饭店才会有“头脑”出售。据说这“头脑”晨起食用的话滋补效果最好，需要天不亮就赶着去喝，因此外地人很少有机会见到，更别说品尝一番了。

如果没有经常喝“头脑”的习惯，也许会不太适应它独特的味道，这头脑就像不放盐的白面糊糊，淡而无味，还混有羊油、黄酒的味道，初次品尝还真适应不了，若沉下心来多试几次，方得其妙。品尝时需要加上腌韭菜做引子，起到中和提味之功效，还要佐以黄酒，以山西特产的汾阳杏花黄酒、大同干榨黄酒、代县北芪黄酒、介休木瓜黄酒为上，且需热饮，可以

帽盒和头脑

补中益气、提神御寒、活血健胃、滋补虚损。

就像老北京居民喝豆汁儿要配上焦圈儿一样，“头脑”搭配的佐食也很讲究，那就是帽盒。这是一种烤制的面饼，把面和好后加入椒盐，捏成两片空壳形状，再合在一起入炉烤制，出炉后非常像旧时人们戴的瓜皮小帽，故因此而得名。喝“头脑”时，最好把“帽盒”掰成一块一块的泡在头脑里吃，这样更加喷香耐嚼。另外，喝“头脑”时还可以选择烧麦当佐食，也别有一番风味。

以前人们要在天还未亮之时“赶头脑”，路上还一片漆黑，为了给食客们指明方向，经营“头脑”的饭馆门前都会挂一盏纸灯笼作为标志，这个习俗一直保留，只不过当年的纸灯笼早已被电灯所代替了。现在，太原“头脑”已被列入国家级非物质文化遗产保护名录。每年农历白露到立春期间，还是有不少“老太原”天不亮就赶着喝“头脑”，成为当地一种特殊的习俗。

早起必喝的老豆腐

在山西不少地方，许多市民早上基本不做早餐，而是直接去早餐摊上喝一碗老豆腐，不仅便宜实惠，而且味道很好，更重要的是经营老豆腐的摊位大街小巷都有，人们不必赶早就能

老豆腐

吃上一顿可口的早餐，极为方便。不过，这里要介绍的老豆腐可不是我们平日里吃的某种豆腐，在山西，老豆腐实际上就是豆腐脑，是这里普遍流行的一种早餐。

曾经网上热议过一个话题，那就是豆腐脑到底是甜的好还是咸的好？南方网友觉得甜豆花当之无愧，而北方网友却觉得咸豆腐脑更胜一筹。山西地处我国北方，这里的豆腐脑当然是咸的，但更具特色。作为豆腐脑的山西版本，老豆腐讲究的是洁白明亮、嫩而不松、卤清而不淡、风味独特。在这里喝老豆腐有喝一样和两样之说。所谓一样，就是碗中基本上全部是老豆腐，除放韭花酱、辣椒油等调味外不加任何作料；而所谓的两样，就是在老豆腐里加入粉汤，这种粉汤其实可以看作“老豆腐”的浇头。粉汤是用淀粉勾芡而成的，色深而味重，里面煮有粉条、黄豆瓣、海带丝、黄花菜等，还有的放有腐竹等豆制品。在山西的省会太原，人们很少只喝一样老豆腐，往往还要加上粉汤。在洁白的老豆腐上再浇上一层色浓味重的粉汤，味道就更丰富了。一碗色香味俱全的老豆腐，单是看着就让人食欲大增。

如果不喜欢粉汤的味道，还可以选择单要一样，即不加粉汤的老豆腐，但即便如此，其调料也是相当讲究的。调料有韭菜花酱和辣椒油两样。韭花酱要用大朵韭菜花、咸盐、鲜姜、苹果等制成，不掺任何防腐剂，做好后能保存很长一段时间。制作辣椒油也很讲究，先要将红辣椒磨好，配上芝麻搅拌均匀，再用烧热的菜籽油淋上去，油量要宽，油温要适中，这样烹出的辣椒油才香。在洁白的老豆腐中加一小勺韭花酱，再加一丁点儿辣椒油，碗中洁白、翠绿和鲜红的颜色相得益彰，让人看着、闻着、吃着都是一种享受。

制作老豆腐的工序一点儿也不复杂，其实和做豆腐是一个道理。都要先将黄豆泡发后磨浆，再将磨好的豆浆过滤煮开，之后就到了点卤这一工序。要想把豆浆变成豆腐或老豆腐，关键在于点卤，这是区分二者的关键。点卤就是在滚热的豆浆里点上卤水使其凝固。这看似简单，其实技术含量很高，点卤手法不同，做成的豆腐和老豆腐无论外观、质地、口感、色泽等都不同，尤其是老豆腐，最能反映出点卤的水平，既要把握准“量”，又要把握好“时”。要做豆腐，就要用盐卤点卤，点过的豆浆凝固后质地老韧，挤出水分后就成了我们平时吃的豆腐。而做老豆腐要用石膏点卤，点过的豆浆质地细嫩，酷似白花花的脑浆，所以老豆腐也因此得名豆腐脑儿。

在晋中一带，喝老豆腐还会有另一样标配，那就是麻叶儿，在其他地方也叫油条。麻叶儿也有甜咸之分。咸麻叶和一般的油条别无二致，而甜麻叶儿在制作时要先用红糖调成糖稀，在入锅炸制之前均匀地抹在面坯上，将面坯拉长成形后再放入油锅炸制，成形后糖泡鼓起，表面覆着一层焦脆的糖圪渣，吃起来香甜可口。

因为有了老豆腐，生活在山西的人们是幸福的。早上起来，在老豆腐摊上的长凳上坐定，就着现炸的色泽金黄、外脆里绵的麻叶儿，喝上热乎乎的一碗老豆腐，既营养又提神，美好的一天就这样开始了。

巧媳妇的发明：阳城烧肝

烧肝是山西晋城市阳城县的地方小吃，其配方独特，做工繁复，制作精细，是一种颇具地方特色的猪肝制作方法。

烧肝是以鲜猪肝为主要原料，再加其他辅料制成的。制作烧肝，先将鲜猪肝洗净后沥干水分，之后将洗好的猪肝剁碎至小颗粒状，同时预备等量的大蒜，切成蒜末待用。将二者混

阳城烧肝

合起来，再放入淀粉、鸡蛋以及姜、葱、花椒粉、盐等调味料拌匀成馅。接下来取猪油网膜一张，取部分馅料放在其上，卷成半尺来长一寸粗细的卷，把卷好的猪肝放入油锅，用小火油炸定型，再上锅蒸半小时即可。做出的成品如同腊肠一般，吃的时候把肝肠切成半厘米的薄片后再次油炸，将外皮炸成黑褐色，达到外脆里嫩的效果，装盘时撒些葱丝点缀即可食用。食用时若蘸些老陈醋可以去腥解腻，味道更佳。

关于猪肝全国各地有很多种做法，但是像阳城这样的制作方法却是独一无二的。至于为何烧肝起源于阳城，很多阳城人都无法说清。传说很久以前，在阳城有三兄弟，三人各自成家后，都住在县城里。老大以杀猪为生，日子过得最为滋润；老二以卖菜为生，日子也还过得去；只有老三是个读书人，他整日里手不释卷，满口之乎者也，是县城中少有的才子。可两个

哥哥是生意人，家境都还可以，他整日里读书，四体不勤，家境一般。一天后晌，他的一个好友远道而来拜访他，二人谈得甚是投机，眼见天色已晚，欲留友人在家吃饭，但老三日子过得清苦，家中缺肉少菜，拿不出像样的东西来招待客人，只好到大哥二哥那里去讨一些猪肉和蔬菜来。到了大哥那里，恰巧肉已卖完，只剩下一些猪肝，到了二哥那里，也无多余的菜蔬，只剩下些葱蒜而已。无奈之下，书生老三只好讨了些猪肝和葱蒜往回走。

走在路上书生想，用猪肝来招待客人未免上不得台面，可又别无他法。聪明的他倒是想出了个办法，回家后走进后厨，将讨来的东西交给妻子，然后面授机宜，之后出来和友人继续喝茶聊天。妻子在厨房鼓捣半天后，端出一盘黑乎乎的东西，二人围炉而坐，边聊边吃，一时间蒜香扑鼻，客人大呼过瘾。事后客人问书生那天吃的东西为何物，书生只好道出实情。原来那天他让妻子把猪肝和大蒜剁碎后，加入盐和调料，蒸熟成形后又经烧烤而成，书生管它叫作“烧肝”。从那以后，烧肝便成为阳城的一道地方美食。

实际上阳城的烧肝是有历史和文化渊源的。自古以来，身处农耕文明的人们就有食用动物内脏的习惯。一方面由于这里的人们以农业生产为主，肉食相对较少，所以动物内脏也成为人们补充营养的重要来源。另一方面，一些动物内脏本身营养丰富，味道鲜美，促使人们将动物的心、肝、肚、肠入菜。

今天烧肝的做法与过去有了很多不同之处。一是人们用油炸的方式代替了烤制，制作方便简单，又便于烧肝入味、改善口感。二是在烧肝制作过程中加入了一些调味品，起到去腥增香的作用，使得现在的烧肝吃起来比以往更加鲜香味美，令人回味不已。现在有了现代工艺和真空包装，阳城这一特有的小吃已走向全国，等待更多人的品尝。

上党特色早点：荫城猪汤

猪汤是长治荫城镇的一种地方小吃，原流行于长治市上党区周边各乡镇，尤其是在荫城镇、西火镇、南宋乡等地较为流行。由于其独特的风味，颇受当地百姓欢迎。

和流行于北方各省的羊汤不同，猪汤是用猪肉为主要原料做成的，主要有猪头肉、蹄筋、猪肺、猪肚、猪肝和猪肠等，配上当地的火烧饼，浇上提前熬制的猪骨浓汤，点醋后加把葱花即成，也被叫作“猪汤拨火烧”。最近几年也可以在汤中另加烙饼或者方便面，成为时下特色小吃之一。

猪汤的主要原料需要卖汤人提前准备好。首先是猪下水的制作。取新鲜猪头及猪下水，猪头经过火烧去毛，猪下水则要放在大盆中浸泡，彻底去除其中的血水。然后再反复清洗，直

荫城猪汤

到水中再无血水方可。尤其是猪肚猪肠异味较大，必须用小苏打反复清洗多次，还要用醋泡过后再用清水漂净后才能入锅去煮。在熬制猪骨汤时要用新鲜猪骨，先细细洗去猪骨上的血水，再将骨头劈断，放入冷水中大火烧开，再用小火慢炖，直至汤汁浓白方成。

要想喝到猪汤得赶早上去，因为猪汤在当地是被当作早餐卖的，一般早晨五六点钟就开始出摊，到中午之前营业完毕，所以去晚了可没法尝到。一大清早，客人来到摊前的条凳上一坐定，摊主就热心地招呼起来，在一问一答中，客人的需要和喜好便了然于心。只见那摊主麻利地取过一只碗，在其中抓入火烧、头肉、猪肝等，把锅里的猪骨浓汤舀入碗中，接下来用大勺压紧碗中的食材，再把舀入碗中的猪骨汤倒回汤锅中去，

荫城猪汤

如此反复几次，让骨头汤充分渗入火烧当中，最后一次再重新加入骨汤，点上几滴陈醋，撒些葱花，一碗猪汤便做好了。做好的猪汤汤色洁白，浓香四溢，肉嫩鲜美，味道纯正，不腥不腻。

相传，这猪汤的产生和战国时期当地的八位义士有关。当年在长平之战中，为了避开秦军锋芒，赵国大将廉颇采取了坚守不出的策略，战争进入了相持阶段，后赵王急于求胜，派出了只会纸上谈兵，而不会带兵打仗的赵括作为前线将领。赵括年轻气盛，一上任就改变了廉颇的策略，率赵军全线出击。大军行至羊头山下的故关附近，有八位提前知晓了战场形势的义士深知战局险恶，赵括此去凶多吉少，拦路苦谏。赵括哪能听得进去，命人将八位义士悉数擒拿斩于军前。结果长平一战，赵国惨败，上党地区也陷于秦国之手。当地的百姓为了纪念那八位义士，将他们进谏被杀之地改称“八义”，并起早杀猪做汤进行祭祀，这就是最早的猪汤。后来，猪汤从八义渐渐传到荫城、西火一带，从用来祭祀的供品演化成为当地群众喜爱的民间小吃。到了明末清初时期，逐渐流行于上党周边，至今更是传播广泛，在晋东南地区多有分布。

现如今，猪汤的制作者们仍保持着早起做汤的习惯，而当地人也把喝猪汤当作新一天的开始。将猪汤作为一顿既营养又健康的早餐，已成为当地人们一种特有的饮食习惯。

能美容养颜的神粥：河曲酸粥

河曲县位于山西省西北部，地处晋、陕、蒙三省交界地带，是农耕文化与游牧文化的交汇区域。在这里有一种特别的粥，那就是酸粥，当地也叫酸饭，具有酸爽适口，开胃健脾，美容养颜的功效。

有人或许会疑惑，这粥为什么会发酸呢？会不会是变质了呢？要找到问题的答案，还需要把目光拉回到河曲这片土地上。河曲地处黄土高原腹地，地势高，常年气温较低且降水稀少，特别适合杂粮的生长，尤其是小米、糜子、黑豆、莜麦、胡麻、藜麦、马铃薯等。糜子，也叫黄米，外形像小米，但比

河曲酸粥

小米颗粒大，有一定黏性，是我国古代所说的“五谷”之一。糜子耐寒耐旱，不挑剔地形，不苛求水肥，即使在陡峭、贫瘠的土地上也能顽强生长，比别的农作物生命力更加旺盛。据当地人讲，“糜子只要捉了苗，就有了一半收成’，因此糜子也成为当地人们世代相袭、经久不衰的主食来源，常被用来熬粥做饭。而这酸粥就是用黍米做成的，是当地百姓将糜子米饭自然发酵后，精心制作的一种带有酸味的饭食。

相传河曲酸粥完全是由于一个偶然的机会产生的。北宋年间，辽国军队沿着偏关河曲一线屡屡进犯，人们为了防止游牧部落入侵，在山西北部建了三个关口，分别是偏头关、宁武关和雁门关，这就是当地人们所说的“外三关”。这河曲就地处偏头关以内，紧邻黄河，是防止游牧民族入侵中原的重要关口。在夏季时节，由于黄河天险阻隔，还能拒敌于河对岸，而

一到冬季，黄河封冻，敌方骑兵经常能借助黄河冰面长驱直入。一天，这里的老百姓正在淘米做饭，忽然听到又有辽兵来袭，男女老少也顾不得把饭做熟，丢下泡在水中的糜米急忙逃走。过了几天后，辽兵退去，人们纷纷回到家中，发现淘米时浸泡在水中的糜米已经发酵变酸，人们舍不得丢弃食物，便将泛酸的糜米煮熟充饥。结果令人没想到的是，做出的酸米饭酸爽可口、香气袭人，食用之后不但没有闹肚子，还有消食健胃之功效。从此之后，不少人家开始有目的地将糜米发酵变酸，制作酸糜子粥，渐渐地，喝酸粥便成为河曲当地特有的饮食习惯，世代相传延续至今。

在河曲，酸粥一般是早上吃的。人们会在前一天夜里把糜米放入浆米罐中浆上一夜，第二天一早，将浆了一夜的糜米下到锅里煮，煮好之后即为酸粥，在煮粥过程中，需要再把煮米的米汤舀出一部分放回浆米罐中，以备下次使用，周而复始，连续不断。这样会使浆汤越来越好，熬出的酸粥也越来越香。用现代科学解释，这样做是为了留出酵母菌菌株，以便下次更好地发酵。做酸粥讲究的是火候，叫作“紧火捞饭慢火粥，加大灶火熬稀粥”。熬酸粥要用慢火，同时要用勺子在锅里不停地搅和，以防煳锅。十几分钟后，粥就做好了。在过去，河曲人一年四季都要吃这酸饭，甚至一天三顿变着样儿地吃。早上吃“酸粥”，中午吃“酸捞饭”，晚上喝“酸稀粥”，已经成为河曲人生活中不可或缺的一部分。

常吃酸粥还有一定的保健作用。因为糜米本身就富含多种粗蛋白和氨基酸，经过发酵后，其中的乳酸菌能帮助人们开胃健脾。此外，酸粥在美容护肤方面也有神奇效果。常吃酸粥能使人肤色白皙，表皮细嫩。当地民歌唱道："寺沄的糜米，唐家会的蒜，五花城的闺女不用看。"难怪河曲一带的姑娘们个个皮肤白嫩细腻，赛天仙下凡一般，原来是吃了这酸粥的缘故啊。

妙手偶得的美味：潞城甩饼

"甩饼"是上党地区特有的小吃，因制作时边擀边甩而成形，故称甩饼，又因其起源于潞城一带，并在周边地区发扬光大，故又被称为"潞城甩饼"。潞城的历史非常久远，传说在殷商时期，潞城便是纣王长兄微子的封地，当时被叫作微子国，西周时被称作潞子国，秦之后改称潞城县，于是潞城这一名称便一直沿用下来。

在潞城一带，民间多用驴油制作甩饼，再卷上当地特有的驴肉，吃起来口感绵软筋道，油而不腻，浓香可口，回味无穷。

潞城甩饼创制于何时并无文字记载，只有这么一个当地人

口耳相传的故事。传说唐景龙二年（708年），24岁的李隆基第一次离开长安，任潞州（今山西长治）别驾。初到外地，年轻的李隆基对这里的风土人情十分感兴趣，常常在潞州附近游乐。一天外出游玩忘记了时辰，回城时天色已晚，突然天降大雨，只好走进旁边一家拉面火烧铺避雨歇脚。李隆基坐定后，感觉饥饿难耐，便让掌柜准备饭食，越快越好。掌柜于是吩咐小伙计赶紧和面，准备为客人煮些拉面。很不幸，做饭的小伙计由于着急，在和面时水放多了，面团和得又稀又软，做拉面肯定是不行的，为了不耽误客人吃饭，掌柜灵机一动，想起打火烧的鏊子，于是将错就错，把稀软的面团抹上油，擀成圆饼，在擀饼的时候因为面团有一定的收缩性，所以掌柜就擀

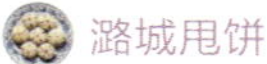
潞城甩饼

一擀、甩一甩，尽量把饼甩得又薄又筋道。待饼支擀得厚薄均匀后，放在打火烧的鏊上进行烙制，烙好后，卷上当地特有的驴肉便端上了桌。李隆基看到掌柜制作这饼时又擀又甩非常利落，一尝感觉这饼又薄又软，卷上驴肉更是回味无穷，便问掌柜这饼叫什么名字？掌柜一时答不上来。李隆基说，我看你的饼是甩出来的，那就叫甩饼吧。

后来这甩饼的制作技术逐渐流传，远及黎城、壶关、长治、长子、屯留、襄垣等县，深受百姓欢迎，有民间谚语称赞道："要想真解馋，到咱甩饼摊，饱饱吃一顿，如同过小年。"

别看这薄薄的一张甩饼，制作起来一点也不简单，制作时要注意三点：一是和面时面粉、清水比例要恰当，面团要和得离盆离手两不沾。其中有个技巧，因为做甩饼对用来和面的水的温度很有讲究，所以在热天和面要用冷水，冷天和面要用温水。把面和得恰到好处后，盖上笼布稍醒一阵。二是要操作利落。将醒好的面揪成大小均匀的剂子擀开，边擀边甩成圆形薄饼。制饼时要手眼配合，揉剂、擀片、叠折、盘形要恰到好处，动作无误，这样甩出的饼才能厚薄均匀，大小适中。三是要掌握好火候。甩饼成形后放在刷了油的圆炉子上烙制。因甩饼非常薄，所以制作甩饼必须掌握好火候，火大火小都不行。这里的人们一般用炭火，并在甩饼鏊底下糊上一层红土胶泥，起到隔热的作用，更利于精确控制火力，这样烙出的饼才能达

到外焦里软的效果。

在火炉旁边观看甩饼的制作也是一种享受。看着制作者用小擀杖飞速地把面坯擀成半薄，然后用小擀杖挑起饼坯甩一下，再擀一下，往复进行四五次方可，很有节奏感。烙出的饼又薄又均匀，色泽金黄，口感筋道。甩饼烙好后，卷上葱花和当地的驴肉，吃起来口感软硬适中，不酥不烂，浓香可口，令人回味无穷。驴肉要选择腱子肉，鲜嫩而有嚼劲。若用甩饼卷上腊驴肉吃，民间又叫“甩饼卷腊肉”，油旺旺，香喷喷，不软不硬，回味无穷。

恒山脚下的解暑神器：浑源凉粉

浑源县地处山西东北部，北岳恒山脚下，由于桑干河的支流浑河从此发源，故得名浑源。这里有一味小吃风靡长城内外，那就是浑源凉粉。

关于浑源凉粉，还有一个典故。唐贞观十九年（645 年），唐太宗李世民御驾亲征高句丽（今朝鲜半岛），大军从长安启程，经山西向东北进发。正值盛夏，大军途经浑源附近时，炎炎烈日使得整个队伍人困马乏，就连李世民本人也干渴难挨，无精打采。这时，当时还是伙头军的薛仁贵看到此情景后，利用手头现成的原料，亲手为皇上做了自己家平常解暑吃的凉粉奉上。李世民喝下这凉粉后饥渴顿消，精神焕发，待队伍稍事休整后继续前进。后来在李世民的指挥下，唐朝大军一举击败高句丽，并在当地设立安东都护府，正式将此地区纳入唐帝国的版图。从此以后，太宗皇帝在浑源喝凉粉的故事便流传了下来。为此，薛仁贵还赋诗一首："恒山风来立夏寒，斩尽胡鞑腹肌宽。幸有御膳粉宴餐，太宗将士皆得欢。"

浑源凉粉

早先的凉粉是由绿豆粉制成，产量不高，也没现在这么筋道。从明代开始，马铃薯由海外传入中国，在这里生根发芽。由于马铃薯对环境的适应性强，产量高且营养丰富，可在很大程度上代替粮食，所以很快在内蒙古、河北、山西、陕西北部普及，成为贫苦阶层人们的主要食品，对维持生计起到了非常重要的作用。

浑源县位于晋北大同盆地的东南边缘，春季干旱多风，夏季温热多雨，秋季天清气爽，冬季寒冷干燥，这里因土壤疏

松，光照充足，非常适合马铃薯的生长。这里出产的马铃薯有沙、绵、香的特点，制出的淀粉产量高、品质好。制作凉粉时，取适量马铃薯淀粉，先在其中加入水和少量的明矾搅拌均匀，呈粉糊状。然后另取一锅，加水后在火上烧沸，再将先前调好的粉糊倒入沸水之中并不停地搅拌，直至搅拌均匀。待锅中淀粉糊糊逐渐凝固，晾凉后倒出即成。因为这是用马铃薯淀粉制成的，故又名粉坨。用这里出产的马铃薯粉制成的粉坨看上去光洁透亮，富有弹性，吃到嘴里滑嫩爽口，堪称北岳一绝。

凉粉之所以好吃，不但要有弹滑可口的粉坨，还要靠调味料的加入。调味料中除去盐水、蒜水、葱花、香菜以外，最重要的是那一汪辣油。制作这辣油必须要用晋北一带出产的胡麻油，因为只有用胡麻油泼出的辣子才更香。首先把精选的干辣椒捣碎成末，再将胡麻油烧热，在热油中放入花椒、茴香、八角、葱段等炸香后捞出，最后将滚热的料油泼到辣椒末中，一刹那间香气扑鼻，红亮诱人。在浑源，有些凉粉摊制作辣油还要多上一步，就是把用良姜、白芷等中药泡制的陈醋趁热泼入辣椒油中，这样制作出的辣油，既有辣椒和胡麻油的辣香，也带有老陈醋的酸爽，还能中和辣椒油的油腻。

浑源凉粉中还要加上一样东西，那就是当地特产的莲花豆。所谓莲花豆就是蚕豆，也是浑源特有的产物。先把蚕豆泡至鼓胀皮裂，然后剥皮沥干。在铁锅内倒入胡麻油烧至七成热，将剥好沥去水分的蚕豆倒进去，不断翻动，直到听到砰砰的声音就可以起锅了。莲花豆炸好捞出后控出余油，撒上适量食盐拌匀，口感酥脆，豆香浓郁。

在浑源当地，管吃凉粉不叫吃，而叫喝。因为浑源的凉粉软滑，又加了各种汤水作料，用筷子夹是夹不住的，只好端起碗来喝。一年四季喝凉粉在浑源及周边地区可是特有的一景。在卖凉粉的小摊上，摊主先把粉坨切成两指宽，一条条地码在白瓷碗里。等顾客坐定，摊主便拿起一碗来，麻利地浇上各种调料，加上一勺辣椒油，再放上一勺炸香的莲花豆递过去，客人们接过凉粉后，连吃带吸溜，最后忍不住把调料汤都喝个底朝天。

如今，浑源凉粉的制作技艺已先后被列入大同市和山西省非物质文化遗产名录，如果你有机会到北岳恒山一游，不妨到浑源尝尝这道香辣爽滑的风味小吃。

酸辣可口的碗托

在山西吕梁，有一种用荞麦面制成的小吃，在制作时要事先用碗装好荞麦面糊，再将碗放入锅中蒸熟，吃的时候先用铁片磨成的小刀将其划成条块状，然后在碗内加入适量的辣

柳林碗托

椒油，再配上蒜汁和陈醋蘸而食之，味道酸辣可口，这就是碗托。

关于碗托还流传着这样一段故事：西晋初年，匈奴人归附内迁，但遭到统治者的残酷剥削和压迫，不少人沦为流民，过着朝不虑夕的生活。匈奴贵族刘渊为了反抗朝廷压迫，利用各族人民对统治者的怨气，打起了反晋旗号，派大将石勒带兵攻打西晋的国都洛阳。那时候由于到处都是战乱，再加上各地又遭受了严重的自然灾害，士兵们吃饭成了大问题。当队伍行至半路，所带粮食不够，石勒便派出军士四处购买军粮，但周边百姓生活穷苦，军士们买来的只不过是些荞麦。因军粮紧缺，士兵们只好把买来的荞麦磨成面熬粥喝。一天，几个军士因外出而耽搁了开饭时辰，回营之后荞面粥已冷却成块，饥饿难耐的士兵看到碗内的凉荞面块，也顾不上那么多了，用手抓起来

柳林碗托

就吃，倒也吃得津津有味。其中一个士兵则拿出一些随身携带的咸盐，撒在了那荞面糊糊结成的块上，吃起来味道更好些。慢慢地，这样新奇的吃法传至民间，百姓将其切成长条，并调以盐、醋、蒜泥，这样吃起来更加美味，这就是山西特色小吃——碗托的雏形。

故事归故事，山西人做碗托、吃碗托的传统却是延续至今的。碗托的制作很讲究，从字面上来理解，碗托离不开一个“碗”字，蒸制碗托多用底浅口大的细瓷碗。制作碗托用的原料也很简单，只有荞麦面、水、盐这几样，但制作工艺很复杂。先要在荞麦面中加入适量的食盐，再用凉水调和，使其稀

释变稠。待面糊调好后就要舀入碗里上锅蒸了。面糊入碗前，先将所用的小碗置于锅内大火蒸热，取出后用湿布擦去碗内水汽，再将面糊舀入碗内。这里要注意荞面糊糊不能加得太满，每碗只能盛六成左右，再上锅用大火蒸二十分钟左右即熟。此时趁热将碗取出，用筷子将碗中的荞面糊糊朝一个方向飞速搅动，使荞面糊糊贴至碗口边缘，在碗内呈凹形，随着温度慢慢冷却，碗中的荞面糊糊逐渐凝固成形，待完全冷却后即成碗托。

碗托吃法多样，可凉可热，老幼皆宜。冷食时，在碗内切条后佐以蒜泥、辣椒、醋等调料，再配以香油，用竹签、铁片扎食即可。在寒冷的冬季，也可以炒制而食，别有风味。

历经千年的诅咒：白起肉

说起白起，可能熟悉中国历史的朋友们都会知道，白起是战国末期秦国的大将，为秦统一六国做出了突出的贡献。然而为何这道小吃要用白起的名字来命名？二者有何联系？这还要从一段历史说起。

高平古称长平，战国时期为赵国属地，著名的长平之战就发生在这里。战国末年，秦为统一六国，四处征战。公元前260年，秦派大将王龁进击上党地区，赵国派出了廉颇与之对

白起肉

垒，廉颇带兵经验丰富，看到秦军气焰正盛，为避其锋芒，便率领大军在丹河以东固守。秦国久攻不下，便利用反间计，赵王信以为真，撤换了廉颇，派出了“纸上谈兵”的赵括来做赵军的统帅。赵括毕竟年轻气盛，缺乏实战经验，上任后他放弃廉颇的固守战略，转而准备主动出击。孰不知，这正中了秦军下怀。秦军得知后，秘密将主将换成了白起。白起上任后，一面诱敌深入，一面派骑兵断了赵军粮草，就这样赵军主力悉数被围，缺粮断水，一时大乱。秦军把赵军围困了整整 46 天，时机一到，便发起了总攻。军心动摇的赵军哪里是这虎狼之师的对手，被秦军一举打败，赵括也在突围中被乱箭射死。主将

一死，全军动摇，兵败如山倒。这一役，赵军伤亡5万人，另有40万人放下武器，向秦军投降。作为秦军主将，白起也在思量，这40万人就是40万张嘴，现在自己军营里哪有那么多口粮呢？若放他们回去，这40万人是多么大的一股力量啊。想到这里，为了彻底断绝赵国的反击能力，白起下定决心，向部队下达了杀降的命令，于是40万赵军降卒全部被白起坑杀于长平，仅240名年龄尚幼者幸免于难，被放回邯郸报信。

当地百姓见到白起如此残暴，无不对其恨之入骨。为了表达对他的仇恨，当地百姓把豆腐当成白起的肉来食用。他们把豆腐切成一寸见方、三分厚的小四方块，意为把白起千刀万剐；用炉火将豆腐烧烤至金黄，叫作“烤白起”；再把烤好的豆腐用水煮透，叫作“煮白起”；再用豆腐渣、蒜泥和生姜调和成“蘸头”当成白起的脑浆，用先烤后煮过的豆腐蘸着一起食用，以泄心中之愤。不料，人们尝过用这种方法制作成的豆腐之后，感觉口感鲜香，别有一番风味，于是“白起肉”就在高平境内流传了下来。

制作白起肉，首先要把豆腐切成3厘米厚、6厘米见方的小块，然后将切好的豆腐块均匀地码在铁架子上用炭火烤制，烤制过程中要注意对每一块豆腐进行翻转，直到每一面都烤至金黄。豆腐烤好后就开始制作蘸头。先将一定量的玉米面加适

白起肉

量油炒香，姜、蒜一起捣成泥，再一起掺入豆腐渣和盐即成。食用时以白水将豆腐煮熟，加上蘸头调味，再滴上几滴香油，趁热吃最佳。

烧豆腐在高平这座小城里颇受群众喜爱。只需两三平方米的街边空地，架起一个火炉，摆上几张矮凳，这小小的豆腐摊就能开张。在这里，无论贫富贵贱，职位高低，只消花上一两元，就能美美地尝上几块，那种满足和惬意是身处大城市里的人们无论如何也体会不到的。

仙子的馈赠：代县麻片

代县麻片是一种美味可口的特色小食，主要由芝麻特制而成，其外观为二寸来长、半寸多宽的薄片，以其酥脆味美驰誉省内外。

提起麻片的起源，自然会引出一段美丽的传说。相传在明清时期，因地处商路要道，代州城里一片繁华，好不热闹。往来商贾络绎不绝，城里店铺一间挨着一间，实为北方旱码头。在城里的鼓楼之下，有一家名为“江苏斋”的糕点铺，店主是一位年轻的江苏小伙，他勤劳能干，为人厚道，没有奸商习气，做出的点心外观喜人，口感酥香，而且生意做得堂堂正

代县麻片

正，从不以缺斤短两来坑人，附近的人们一说起他，总会竖起大拇指来交口称赞。上天感念其为人忠厚，决定派一位仙子来帮助他。一日，这名小伙子照常一大早就把糕点做好，正要叫卖，这时一阵清风从鼓楼门洞吹过，正好吹到这点心铺跟前，点点芝麻飘落在做好的糕点上。随着这股清风，小伙子抬头一瞧，一位清丽脱俗、貌若天仙的小姐从眼前飘然而过，并在店门前留下一只精致玲珑的竹篮。这小伙子看到，以为是这位小姐无意中掉落了竹篮，赶忙捡起篮子向前追去，但追出好远都没有再见到那位小姐。回到店中揭开盖布一看，只见篮中盛满了芝麻，中间还夹着一张写满字的信笺，他打开一瞧，发现上面写的都是关于芝麻片的制作工艺，而主要原料正是这篮中的芝麻。聪明的小伙子知道这是有高人在指点相助，心中万分感激。之后他照葫芦画瓢，依照那位小姐留下的配方，果然制作出了色、香、味俱佳的麻片。从那以后，小伙子糕点铺的生意更加红火了，而这麻片也成为了江苏斋的主打产品，风靡周边乡里。后来，人们听到这个故事，都认为那位送来麻片制作秘诀的小姐不是凡人，于是人们尊称这位小姐为“麻片仙子”。

其实，发明麻片制作技艺的麻片仙子不是别人，正是当地勤劳智慧的劳动人民。据史书记载，早在明清时期，代县麻片便已经驰誉全国了，而且以其片薄质脆、香甜可口的特点颇受各地人们欢迎。当时在其他地方也有仿制代县麻片的作坊，但

产出的麻片无论从薄厚程度，还是脆酥的口感方面，都很难与代县产的麻片媲美。在当时，代县经营此业的店铺很多，生意十分兴隆，除江苏斋外，还有聚星瑞、兴盛斋、富成斋、天兴昌、福盛魁、同兴隆、广兴德等十余家点心铺生产经营麻片，其生产规模之大令人惊叹。

制作麻片第一要严格选料，要用到上等的面粉、去皮的白芝麻仁、纯胡麻油、上好的蜂蜜与白糖。其做法是先将面粉和白糖拌匀，和上胡麻油，再把蜜水揉进面团之中，之后把面团做成剂子，擀成薄薄的面皮，面皮表面上均匀涂上蜂蜜，其上再撒满芝麻，然后上炉烘烤。由于制作精细，遂为佳品。1949年以后，有人从民间广泛搜集整理麻片配方和制作工艺，使后来制作出的麻片更加精致，质量越来越好，同时还在包装上做了一系列的改进与创新，使这一地方传统小吃更具特色，成为人们馈赠亲朋好友、招待嘉宾贵客的特色名品。

专治水土不服的武乡炒指

炒指是一种用黄土炒制的食品，因外形类似于小孩的手指，故名炒指。这是山西长治一带的特产，以武乡所产最为有名。

说起这炒指的来历，还与一位少数民族豪杰有关。西晋末

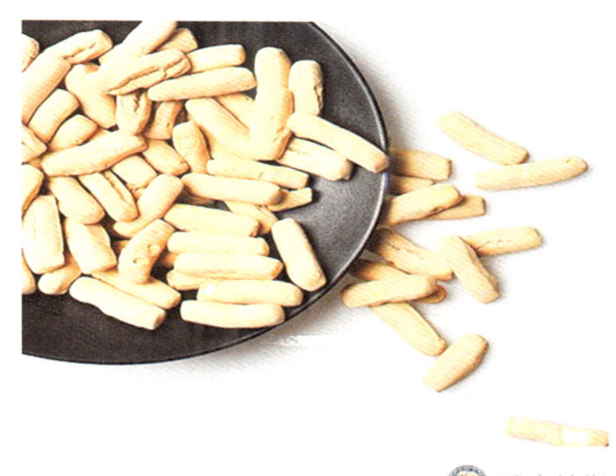

武乡炒指

年，生于武乡的羯族人石勒起兵反抗朝廷压迫，自号大将军。羯族人原是匈奴后裔，善于游牧骑射，所以在行军打仗时一天能走数百里，部队机动能力非常强。有时战况紧急，没有时间在野外做饭，士兵们就得饿肚子。为方便行军打仗，石勒便想方设法让士兵携带一些干粮，起初是让士兵带馒头窝窝头之类的面食，但是这样的干粮也存在着容易变质的问题。石勒便想了个办法，那就是用火把干粮烤干。于是负责做饭的军士们把面和好搓成面条后，一个个切成手指长短，煮熟后再上火烤，这样一来，干粮携带起来就方便多了。后来，石勒手下的一个士兵试着就地取材，把当地的干土磨成粉，用铁锅加热后将面条放入炒干，居然也很有特色，不仅携带方便，而且吃起来香脆可口。这样一来就很好地解决了军粮问题，另外这样做出来

的干粮还有一个重要的药用价值，那就是士兵们无论离开故乡多远，只要吃一点，就不会出现水土不服的症状。

后来石勒做了皇帝后，对有功的人、物都加以分封。由于这个食品是行军打仗时的干粮，对帮助石勒夺取政权起了重要作用，因而也在分封之列。可那时此物还没有一个确切的名字，叫什么呢？因它外形像人的手指，又是用黄土炒制的，于是石勒就给这个食品取了一个名字，叫作“黄土炒指”。从此，黄土炒指这个民间食品就在武乡一带流传下来，并渐渐扩散到了周边地区。后来人们为了叫起来顺口，省略了“黄土”二字，只称之为炒指了。

炒指的制作工艺十分特别，用来炒制炒指的，的的确确就是黄土。但是所用的土也特别讲究，地下土不行，需选择地上经过太阳暴晒的含有矿物质的土才行。炒之前先要将黄土细细地研磨过箩，确保没有杂质之后进锅加热。等到锅中的黄土滚烫时，把生炒指加入锅里翻炒。在黄土的加热下，锅里的炒指逐渐失水、熟化，变得干脆可口，出锅后用筛子筛掉浮土即可。以往的炒指配料简单，土味儿十足，现如今经济条件大为改善，在其中加入了白糖和鸡蛋，使得现在的炒指更加香脆可口。

炒指不仅是一种零食，还有一定的药用功效。中医认为，黄土有消食健脾、补中益气的功效。谁家的小孩积食了，首先给他找几个炒指吃吃，一会就会好起来。在过去，人们出远门往往会水土不服，吃一点炒指也能缓解症状。

在抗日战争中，炒指也曾发挥过重要作用。武乡一带是革命老区，八路军总部曾驻扎在此地。那时候粮食匮乏，八路军常常饿着肚子和敌人作战，非常艰苦，但即使这样，仍旧坚持抗战。附近老百姓看到后，就把做好的炒指送给八路军战士，让他们在战斗间歇随时能补充体力。就是这样一个小小的炒指，为中国的抗战事业做出了重要的贡献。

上古烹饪方法的活化石：石头饼

石头饼又称疤饼，是山西民间传统风味小吃，也是地道的山西特产。虽说叫石头饼，但不是说这饼像石头一样硬，而是因为它的制作方法和石头有关。制作石头饼时，要把饼坯放在烧热的石头子上面烙熟，其中石头起到了传热的作用，故而得名，又因其烘烤过程中与石子接触的表面坑坑洼洼，遍身疤痕，所以又得了个疤饼的名。别看这石头饼长相一般，但其油酥咸香、营养丰富、易于消化、方便诸存，深受山西人的喜爱。

关于石头饼，最值得称道的就是它的制作方法，有着上古时期“石烹”的遗风。“石烹”是我国古代一种原始的烹饪方

石头饼

法，这种烹饪方法可追溯到旧石器时代。早期人类利用石板、石块（鹅卵石）作为炊具，先把石块或石板加热，再把谷物放在石块上面烘烤，也就是先把火的热能转移到石头上去，再间接利用石块的热能把谷物烹制成熟。由于石块和石板散热慢、布热均匀，所以可以很好地控制火候，是一种就地取材、因地制宜的加工食物的方法，反映出我们老祖宗的聪明才智。随着人类的进化和社会的发展，人们用火的方式发生了翻天覆地的变化，但这种方法却一直为后人所沿用，可见其独特的生命力，成为烹饪方法的活化石。在唐朝，通过这种方法做出的饼被称为“石鏊饼”，到了明清时期，又被称为“天然饼”。直到今天，这种古老的烹制方法仍在石头饼的制作上沿用。

石头饼主要配料有白面、胡麻油、鸡蛋及碱面等。在制

石头饼

作石头饼时，首先要把面和好，和面时加入鸡蛋、碱面和山西特有的胡麻油，这样烤出的饼才酥脆。面团和好后，先做成大小相近的剂子，再把面剂子擀成直径半尺左右的薄饼坯。烤制前，选择粒径约一厘米的圆石子，淘洗干净后倒入砂鏊中，淋少许油，以防烤制时石子与面饼粘在一起，然后反复来回搅拌，使所有石子都均匀受热。将擀好的饼坯平铺在受热的石子上，用小火慢慢烘烤，等到薄饼表面呈金黄色时就算烤好了，这时的石头饼喷香酥脆，上面均匀地布满圆形小坑，状若疤痕，为山西当地别具一格的风味小吃。

石头饼不仅好吃，还有独特的“养胃”功效。在晋中、晋南等地有一古老的风俗，即产妇坐月子期间，亲朋好友总会带一些石头饼前去祝贺。因为这种松脆酥香的石头饼食用方便，

易于消化，特别适合产妇食用。产妇吃后既能增加食量，促进身体恢复，又能多产乳汁，利于宝宝成长。

因传承了远古的烹饪技术，同时又因其蕴含着深厚悠久的民俗传统，石头饼又被人们称为饼中“活化石”。现如今石头饼已实现工业化生产，在产量大幅提高的情况下风味丝毫不减，人们只要动动手指就能从网上下单，相隔千里也能尝到这风味独特的石头饼了。

薄而透光的阳泉压饼

在山西东部的阳泉一带，有种极具地方特色的薄饼，名叫压饼，其最大的特点就是薄。烤好的压饼形如满月，色泽金黄，薄而透光，酥脆可口，集“薄、香、酥、脆”等特点于一身，深受周边群众喜爱。

让一张饼做到薄而透光，听起来真是不可思议，但压饼的的确确能够做到透光而过。因此就需要一种特殊的工具，那就是压饼鏊子。压饼鏊子造型十分特别，分为上下两扇，每扇直径二三十公分，由熟铁制成，鏊子里面平整光滑，两扇鏊子由合页连接而成，每扇上有手柄，手柄长约一尺，形如团扇。手柄上面套着铁丝圈成的铁环，在制作时用来把鏊子的上下两扇固定夹紧，以利于压饼的成形。在过去，阳泉周边很多人家都

阳泉压饼

阳泉压饼制作

能制作压饼，靠的就是这压饼鏊子。

制作压饼的食材原料也十分简单，就是普通的白面糊糊。制作时，先把压饼鏊子架在炭火炉上烤热，然后打开合页，在每个扇面内都刷上一层食用油，为的是防止烤制过程中面糊和鏊子粘连在一起。接着舀上一勺调好的面糊倒在鏊子中央，之后将两扇鏊子合在一起，用手这么一压，随着刺啦一声响，伴随着白色水蒸气的冒出，面糊受热，刹那间便固定成形。成形后还要持续加压，所以就要用铁环将上下手柄套住固定，以持续压制。一两分钟后，压饼的一面已经烤好，就把鏊子翻转过来，再烘烤另一面。估摸着另一面也烤好后，张开鏊子，伴随着浓郁的香气，黄灿灿、香喷喷的一张压饼就出炉了。烤好的压饼薄如纸张，对着太阳举起来就能看到阳光穿饼而过，显出一片金黄，其中的芝麻在阳光下粒粒可见，薄脆的口感蕴含其中。刚做好的压饼要晾上一阵子才能达到酥脆的口感，晾好后极易保存，只要不受潮，放个把月也不会变质。

把烤好的压饼放进嘴里咬一口，断裂声咔咔直响，显示出其无与伦比的酥脆，也可在烤制前往面糊中加上盐，配上芝麻、花椒叶、葱花等辅料，口味更佳，让人越嚼越香，欲罢不能，也可用杂粮面糊或玉米面糊做出不同口味的压饼来。

抗战时期，八路军曾经在太行山一带作战，无数当地百姓自愿把家中攒下的面粉做成压饼支援八路军战士，压饼在当时

阳泉压饼

作为八路军军粮，为民族的独立和自由做出了一定贡献。中华人民共和国成立后，阳泉作为“中共第一城”，在成立初期百废待兴，一方面需要加大煤炭采运支援全国战场，另一方面城市建设又千头万绪，这时压饼又成为工人师傅的干粮，见证了阳泉的发展和繁荣，为社会主义建设起到了推波助澜的作用，实在功不可没。

在过去，压饼是一种民间小吃，家家户户都能做，制作门槛较低。民间采用家用的煤炉为热源，以小麦粉为原料，佐以食盐、花椒粉等简单调味料，调上一碗面糊，趁着炉中的余火，须臾之间就能做出香喷喷、脆生生的压饼。虽然过程简便，但加工工艺原始，品种单一，产品质量参差不齐。今天压饼的生产更具规模，配料更加科学，工艺更加完善，通过选料、清洗、打浆、研磨、调配、制糊、压制、烘焙、晾置、选

片、包装等二十多道工序，做出的压饼薄厚适中、风味醇厚、口感独特。在口味方面也更加多样化，除原味外，还制作出了蔬菜口味、麻辣口味、烧烤口味等味道的压饼，其风味独特，营养丰富，利于消化，是一种老少皆宜的小吃。

形似蝎尾的稷山麻花

稷山麻花是源于山西稷山一带的特色风味小吃，始创于隋朝开皇年间，已有一千多年的历史。稷山麻花由手工制作，配料考究，色泽金黄油亮，味道酥香脆爽，广受人们喜爱。

稷山县位于山西西南部，是后稷故里。稷山地处黄河中游，是华夏族的发源地，人们很早就在这一带进行农业生产了。相传后稷曾于县境南边的山中教人们种植庄稼，为了纪念他的功德，后人便称此山为稷王山，这片土地也因山而得名，叫作稷山。有史书记载："邑以稷山名，以后稷始播百谷于兹也。"据说在上古时期，由于稷山地处汾河下游，临近黄河，这里植被广布，水草丰美，生态环境极佳，人们在此安居乐业，但这一带也是野兽出没，毒蝎横行之地。人们在田间劳作时，时常被毒蝎蜇伤，凡被蝎子蜇中者，轻者伤口红肿剧痛，重者甚至会丢掉性命。史书记载："凡中毒者，十有半亡。"可见这毒蝎对人们的生产生活影响很大。人们为了诅咒毒蝎，每

稷山麻花

到春天万物复苏，各种害虫活络起来时，在农历二月初二这一天，家家户户就会把和好的面拉成长条，扭成毒蝎尾巴的形状油炸后吃掉，称为“咬蝎尾”。当地还有“二月二，龙抬头；龙抬头，咬蝎尾”的说法。现如今，每逢二月初二，大人们总是把做好的麻花分给孩子们，孩子们咬着麻花，嘴里还要念叨着大人们教给的口诀：“龙抬头，额（我）抬头，蝎子幽怨（蚰蜒）吼（不要）抬头！”还必须连续念三遍方可，通过这样的民俗活动来祈盼有害、有邪、有毒的害虫不对人们造成伤害。后来，这种起初用来防止毒蝎伤人的油炸蝎尾演变成了今天的麻花。

稷山麻花看起来比较简单，但做起来很有学问。首先要用面粉、糖加上食用油按比例和好，和面时还要加入碱面和明矾配成的水，这样做是利用酸碱中和的原理，使之相互反应，产生碳酸气而使面团膨胀，为的是使麻花更加酥脆。面和好后，静置 40 多分钟就可以搓条了。先取适量面团，搓成 40 公分到 50 公分长、粗细均匀的条，搓好对折后继续搓成两股绳状，然后再次对折扭成四股绳状即可。再将麻花生坯放入油锅中炸制，待麻花浮起，色泽金黄后即成。

到了清代的乾隆年间，一位本地商人把制作方法带出家乡，在异地制作出售，购买者趋之若鹜。后来，这位商人在原先制作的基础上不断改进技术，搓条时将麻花由原来的两股改成三股，然后拧成炸制，炸好后呈绳纹状，色泽金黄，圆润透亮，酥脆适口，令人百食不厌。据说乾隆皇帝亲口品尝过稷山麻花后称赞道：“形如绳头，香酥可口，出类拔萃，别具风味。”从那以后，稷山麻花随之名声大振，传名后世。

现在，稷山麻花这一原本流传于晋南一带的风味小吃已成为中华传统风味的代表，广受人们的青睐和欢迎。赵氏四味坊作为山西第二批中华老字号企业，将稷山麻花制作工艺发扬光大，新工艺、新包装让这传统小吃焕发了勃勃生机。

塞外果品：阳高杏脯

大同阳高县盛产杏树，由于这里三面环山、四季分明，适宜的地形和气候使得当地产的杏果个大肉厚、色泽金黄、酸甜可口，用这里的杏制成的杏脯更是远近闻名。

阳高杏脯分为青杏脯和黄杏脯两种。青杏脯色泽碧绿，肉质脆嫩，酸甜适口，带有青杏的清香；黄杏脯色泽金黄透明，肉质柔软，酸甜可口。杏脯不仅味道甜美，而且具有独一无二的养生功效，是果脯中的佳品。

阳高杏脯除了味美外，还有一个美丽的传说。阳高县的杏脯主要出产于王官屯乡，因此又叫王官屯杏脯。在很早以前，这里不叫王官屯，而是叫作“王官人屯”。三百多年前，这里有一个姓王的小伙子非常好学，常年手里捧着一本书来读，但是他家里非常贫穷，经常需要下地干活才能维持生计。乡亲们看他勤奋好学，经常资助他。他有感于乡亲们的热心帮助，更加发奋努力。通过夜以继日的苦读，终于得到命运的垂青，先是中了秀才，后来又中了举人，因而被外放到外地做官，人们都叫他王官人。在为官期间，王官人劝课农桑，勤政爱民，做下了不少好事。在告老辞官后，他又回到了自己的故乡生活，这么多年过去了，他发现家乡还是老样子，这里山多地少，百

阳高杏脯

姓们虽然勤奋劳动，但生活依旧贫穷。看到这里，王官人非常痛心，立志要改变家乡的这种情况。可是该从哪里入手呢？这时，他想到山坡上茂密的杏树，每到农历四月，漫山遍野的杏花如白雪一般，到了秋天，结的杏儿又大又甜。何不让乡亲们广种杏树呢？于是他当即写下了《劝种杏树歌》，教当地百姓广栽杏树，通过种杏树、采杏果来补贴家用。除此以外，他为了救济穷人，还广施善粥。但在施粥时有一个要求，那就是吃粥者需要领一颗杏核，并把这个杏核种到指定的地方，以这种方式鼓励当地民众栽种杏树。经过王官人的引导，不久以后，附近遍地都是杏树，老百姓也因为种杏而得到了实惠。后来，人们为纪念王官人，就把他的故乡叫作“王官人屯”。

由于这里盛产杏果，一到杏果成熟的季节，大量的杏果都被采摘回来，如果不及时加工处理，很容易变质，所以当地人们便将一些鲜果制成杏脯。杏脯的制作一般分为以下几步：首先选择肉厚、皮色橙红、无霉烂虫害等损伤的杏果切开去核。去核后的杏果非常容易氧化变色，并且丧失风味，所以又要抓紧时间将杏肉浸入特制的溶液护色，再将护色后的杏肉煮制浸糖，最后将杏肉取出，烘制十几个小时后即成。

制作好的阳高杏脯是人们馈赠亲友、旅游出行的必备佳品，不仅在国内非常受欢迎，而且还远销海外，制作杏脯也成为阳高当地的支柱产业之一。如今，不仅是杏脯，杏花也成了当地一景。每到春季时节，阳高县还会举办杏花节，通过户外游乐、特色小吃、演艺活动等邀请天下游客前来参观赏花，共同体验这独特的杏花文化。

各色点心

点心作为一种休闲食品，是为满足人们主食以外的饮食需求而产生的，是社会经济发展到一定阶段的产物。山西作为历史上“海内最富”之地，自然是各色点心的发源地。心灵手巧的劳动人民利用这里独特的物质条件，创制出各种特色鲜明的晋式点心，既点缀了人们的生活，也推动了山西饮食文化的发展。

晋商故里的特产：太谷饼

太谷饼是一种山西传统特色名点，因发源于晋中的太谷县而得名，也是晋商饮食文化的典型代表。著名歌唱家郭兰英那句清脆悠扬的唱词“平遥的牛肉太谷的饼”更是将太谷饼的美名传遍天下。

太谷饼的产生和流传，与晋商有着紧密的联系。明清时期，山西商人开始登上历史舞台，造就了为数众多的富商大贾。他们足迹遍及海内外，家产富可敌国，号称“有麻雀飞过的地方就有山西商人”，可见晋商影响力之巨大。后人“纵横欧亚九千里，称雄商界五百年”的说法就是对晋商实力最好的概括。而在当时，大大小小的山西商人主要来自晋中盆地的榆次、太谷、祁县、平遥一带。太谷县地处山西中部，交通便利，商业氛围浓厚，被称为金太谷、旱码头，这里的富商大贾

太谷饼

比比皆是，是有名的晋商故里。

相传在清代咸丰年间，太谷县城东南有一富户，这家的男主人常年在外打理生意，把自己的婆姨留于家中。大宅院中向来规矩极严，女人们一般大门不出二门不迈，而这家的太太感到寂寞无聊时便召集亲友前来打牌，常常玩到很晚。每当夜深之时，一众牌友们纷纷感觉腹中饥饿，就想找东西来充饥。于是这位太太便指派伙计们去采办食物，要求既要味美可口，又不能耽搁了这位太太的玩耍。深更半夜，去饭馆点菜是不可能的，何况吃起来也不太方便。这时有个小伙计灵机一动，去城里买了一些烧饼回来。但是人们吃过买回的各种烧饼后，不是嫌油腻难吃，就是嫌干硬难嚼，这下可难坏了家中的佣人们。后来这个消息传到县城，一家烧饼铺的掌柜听说此事后，决心

要做成这笔生意，便潜心琢磨起来。他根据这家太太的要求，特地让铺子里的师傅设计出一种与众不同的饼子，这种饼由面粉、白糖、胡麻油和鸡蛋做成后上炉烤就，其表皮金黄，酥而不硬，软而不绵，香甜不腻，上面还粘有脱皮的白芝麻点缀，看上去十分诱人。饼子烤好后，掌柜差人送到这家府上，佣人们拿给太太一尝，立刻叫好。久而久之，这种饼就在当地富户名流间流传开来，传至今日成为现在的太谷饼。

关于太谷饼的产生还有一种说法。相传太谷商人曹三喜早年到关外创业，叱咤商场几十年，生意做得很大，以至关东地区广泛流传着“先有曹家店，后有朝阳县”的说法。曹三喜返乡时年已古稀，身体大不如前。家眷看他常常卧病厌食，很是担心，于是遍访名医名食，但仍久不能治。于是家人传出口信，只要能让老东家开口吃东西，曹家重重有赏。城南沟子村烧饼铺有位姓关的掌柜，听到这个消息后潜心思索，反复试制，最后制成了一种“甘饼”，这种饼尝起来酥软不黏，香甜不腻，风味独特。关掌柜把做好的甘饼献给曹家，结果这甘饼很对曹东家的胃口，“食之开胃，病体渐愈”。后来，曹家果然兑现了诺言，关家的烧饼铺因此得了很大一笔钱。于是关掌柜将店迁于城内，字号“文成堂”，专制“甘饼”。后来又有东关的“义源生”和南街的“同义恒”也生产销售这种甘饼，这些店铺都是前店后厂式的经营。从此以后，人们争相效仿，到清末时制作太谷饼的店铺已有百余家。

当年慈禧太后路过太谷，接驾的官员将太谷饼献上，慈禧尝后大为赞誉，遂将其定为宫廷贡品，更使得太谷饼的名声传遍天下。

不管是哪个版本的传说，太谷饼的美味是有口皆碑的。这是因为太谷饼在选料和制作上都非常考究。据太谷饼制作工艺的传承人讲，以往制作太谷饼用料十分讲究。其中就有这样的说法："临汾麦子白又筋，北路胡麻香半城，太谷家的打锣锤（即谷子），熬成米糖灵味浓，难得广西洋冰糖，最好永济白芝麻。"可见当时人们在原料选用上精益求精，不惜工本。在制作时，把准备好的小米面、冰糖、胡麻油、鸡蛋清加水调成糊状，然后用勺子舀出，直接倒在烤炉之上，面糊则自然流动成圆饼形状，烤制过程中还要在饼坯表面撒满脱皮的白芝麻，烤好后的太谷饼酥香甜软且能长期存放，深受人们喜爱。

酥脆无比的黄烧饼

黄烧饼是产于山西灵丘县的一种地方点心，它选料考究，做工精细，外观薄如铜镜，颜色金黄，具有香甜酥脆、油多不腻、利口而不黏牙、久放而色味不变等特点，多年来畅销省内外。

传说黄烧饼是由灵丘当地一个屠匠发明的。这个屠匠是上寨村人，给人们屠宰完牛、驴等牲畜后，挣一些剩余的头蹄、下水、护肚油之类的边角料当工钱。过上一段时间，这位屠匠便能攒下不少动物油脂，若不能物尽其用，储存时间久了必然会变质，十分可惜，于是他灵机一动，就用其中的一些驴油和着白面再加一些白糖做成了烧饼。做好一尝感觉口味很好，便送予亲朋好友们分享，大家吃后也有同感，于是这位屠匠就常常用剩下的驴油做成烧饼来卖。因这烧饼口味不错，买的人越来越多，驴油渐渐不够用了，于是屠匠就把油换成了当地特有的胡麻油。这改用胡麻油的烧饼色质金黄诱人，口感更加香甜酥脆，吃起来油而不腻，酥脆可口，越嚼越香。时间一久，屠匠意识到这烧饼生意更有前途，于是放下屠刀另起炉灶，彻底

黄烧饼

干起了打烧饼的买卖。由于他打的烧饼颜色金黄，酥脆可口，人们都管此饼叫“黄烧饼”，所以黄烧饼的名字就传下来了。

黄烧饼看上去色泽金黄，形如满月，香气四溢，让人忍不住伸手去拿来品尝。如果外来的客人从未见过黄烧饼，一般会平端着饼送到自己嘴边，刚准备张嘴去咬，只听得呲啦一下，饼就会从手中裂开，掉在地上摔得四分五裂，很是尴尬。这是由于黄烧饼过于酥脆，连自身的重量都难以承受。有经验的人吃这黄烧饼，会将这饼用一只手竖着拿起，另一只手放在下巴处接着碎屑，拿到嘴边轻轻一咬，慢慢地咀嚼，胡麻油和芝麻的香味便充满口腔，待到整个饼吃完，口中仍留有余香，回味悠长。

过去，黄烧饼只是灵丘当地人们逢年过节时互相馈赠的礼品，只有在年节时期才能吃到，随着人们生活水平提高，黄烧饼已走进人们日常生活。2011 年，黄烧饼制作技艺被列入山西省非物质文化遗产保护名录，当地企业还对其生产工艺、产品包装进一步改进，使得黄烧饼的知名度不断提升，销路越来越广。

形似瓦片的忻州瓦酥

瓦酥为山西忻州的传统名点，以形似瓦片、酥脆可口而得名。早在清代，瓦酥就已远销太原、大同、内蒙古及河北等地区。

忻州瓦酥

据说，忻州瓦酥起源于明朝末年，流传至今已有四五百年的历史了。1900 年八国联军打进了北京，慈禧太后和光绪皇帝仓皇西逃，恰好在八月十五这天路经忻州，在忻州贡院驻跸一日。当时的忻州是晋北锁钥，把控着偏头关、宁武关和雁门关，是三关总要，城池坚固，同时也是北路晋商的大本营，这里物阜民丰。当时忻州的知州徐桂芬早得晓谕，于城内贡院竭力张罗。当地有一特产，名为瓦酥，吃起来香味浓郁，很有特色。但是瓦酥作为地方小吃，用来招待皇上和太后，肯定拿不上台面。正当徐知州左右为难时，一个人的出现完美地解决了这个问题。当时忻州城内有个姓王的糕点师傅，他突发奇想，这道糕点是拿给慈禧太后和光绪皇帝吃的，又因为瓦酥表面呈明黄色，正是皇家用的颜色，于是王师傅把瓦酥取名为“龙凤瓦酥”，意为向太后和皇上请安。

这天慈禧太后用过晚膳后，身边太监们开始收拾碗碟，当小太监端起一个点心盘子正要撤下去时，慈禧太后喊了停，她的目光被这盘形似瓦片的点心吸引住了，自己在京城里从来没见过这样的点心，于是慈禧太后叫端盘的小太监把这点心进献到自己面前来。当慈禧太后尝过这点心之后，觉得绵软甜香，回味悠长，连连称赞，问身边的人这点心叫什么名儿，旁边的太监赶忙回道，这是忻州特地进献的龙凤瓦酥。听到这个名字，想到徐知州的一片苦心，慈禧很是高兴，当即封赏。从此之后，瓦酥的名声便越来越响了，成为忻州一带的特色点心。其成品为瓦片状，内外金黄一色，花纹清晰，以其口感酥脆，味道香浓而颇受人们欢迎，堪称晋式点心一绝。

瓦酥看上去不起眼，制作起来却也不易。制作瓦酥的主要原料是面粉、鸡蛋黄、食用油和砂糖。制作时，先将蛋黄分离出来，其中不能带入丝毫蛋清，否则后续制作搅拌时容易起泡。蛋黄打好后，放入事先准备好的容器内，再将砂糖和食用油倒入其中，继续搅动，待蛋液和油、糖完全混合均匀为止。把面粉倒在面案上，用刚调制好的蛋黄液倒在面粉上搅拌和匀，将和好的面团依次切块，用专用模具压制成形后入热油锅内炸制，出锅后趁热用木棒压制成瓦片状即可。做好的瓦酥质地酥脆，

味甜香郁，久放色味不变，常食有健胃壮身的功用，堪称一绝。

盘丝成饼的一窝丝

宁武县，又称凤凰城，隶属于山西省忻州市，这里出产的特色小吃“一窝丝”深受周边群众喜爱。其制作工艺繁复，历史悠久，最初只是宴席上的一道甜点，后成为大众小吃。

制作“一窝丝”需要几种原料：白面、胡麻油、白糖或精盐。白面，要用管涔山之水浇灌的小麦磨制。因为宁武县位于山西省北中部，属温带大陆性气候，这里的小麦生长时灌浆饱满，淀粉含量高，磨成粉后和出的面特别筋道。胡麻油要用当地纯种胡麻生产，因为只有用当地的胡麻榨出的油色泽才更为亮黄，余香十足。据科学研究表明，胡麻里含有芝麻素成分，在用胡麻油烹制食物时，芝麻素受热后可分解出芝麻酸和少许芳香的化合物，这些香味物质易于挥发，香味清雅浓郁，是其他同类植物油难以比拟的，尤其适合烤制食品。制作时先将白糖或咸盐用温水化开和入面中，可制成或甜或咸口味的一窝丝。面一定要和好揉到，并在面案上醒四十分钟到五十分钟，再将面反复拉长，直至成为粗细均匀的细丝。把细长的面丝蘸足胡麻油后盘成圆形，用慢火或烤或烙，直至色泽金黄。这样做好后，看上去是饼，一动为丝。

一窝丝

“一窝丝”以酥、脆、香者为上，具有颜色淡黄、味道甘甜、质地酥脆的特点。提起一团线，放下一窝丝，动一动散成一堆，嚼一嚼香酥无比，存放个把月都能保持色味不变。做这一窝丝工序复杂，费时费力，原来只有大户人家才能吃到，后来随着人们生活水平的提高，“一窝丝”也渐渐普及开来，走上了寻常百姓的餐桌，成为人们迎宾待客的佳品。凡是品尝过“一窝丝”的过往宾客，无不对此赞叹不已，感叹在宁武这块风水宝地上，竟会有这样形绝味美的食品。

香酥甜软的孟封饼

孟封饼是山西太原清徐县的传统名食，也是山西省的名优特产食品。因源于清徐县孟封镇而得名。孟封镇历史悠久，

据《左传》记载：鲁昭公二十八年（公元前 514 年），晋灭郭氏分其地为七县，孟封是当时的孟氏封邑，故得名孟封，至今已有两千多年历史了。现在的孟封镇位于太原清徐县城东四十里处，是县内六大古镇之一，这里出产的孟封饼香、酥、甜、软，被人们称为饼中佳品。

孟封饼始产于清代光绪年间。当时清徐县有个冯财主，雇用的厨师姓赵，赵师傅是孟封镇人，烹饪技艺颇佳。冯家财大气粗，每日做饭都不惜工本，只要好吃即可。一天，冯财主做寿，令赵师傅为他做饼待客，并拿来整篓油、整袋白糖，让赵师傅怎么好吃就怎么做。这让赵师傅一时没了主意，心里一直思考该怎样达到主家的要求。他一边思考一边着手去做，可就在和面时，一不小心将油篓打翻，一时间油流得到处都是，赵师傅怕财主责怪，索性把沾了油的面粉全部弄到面缸之中，再加上白糖，就这样开始和面，谁知揉来揉去也揉不成团，眼看中午开饭的时间快到了，一个完整的饼子也没有烤出来，赵师傅急得满头大汗。情急之下，赵师傅想起一种摊饼子的方法，还不如用这种方法把饼子摊成。于是他向面缸之中继续加水，把面粉搅拌成糊，再用勺把面糊舀在烧热的鏊子上，自然摊成饼形。等到烤好后出炉一尝，口感酥软香甜。这时冯财主派人来催问饼子是否烧好，赵师傅把刚做成的饼子送去，冯财主一尝，发现今天做的饼子又绵又甜，香软可口，以前从未吃过这么好吃的饼，连忙问这饼叫什么名字。赵师傅因家住孟封，而孟封当地把烧饼叫作锅盔，于是随口回答道：孟封锅盔。孟封饼便由此而得名。

孟封饼

后来，赵师傅辞去原来的差事，回到自己家乡孟封镇专门经营起饼子铺来。经过反复试验，他改进了原先的配方和制作方法，做出来的饼子色香味俱佳，四里八乡的人们纷纷慕名前来购买，常常供不应求。远道而来的客商尝过之后还要带一些回去，让孟封饼的名气越来越大，多少年来盛名不衰。如今，孟封饼依然广受清徐以及周边人们的欢迎，而且口味越来越多，制作方法也更加精细。

孟封饼的原料主要是面粉、白糖、食油，三者以2∶1∶1的比例混合起来，做成饼坯。在烤制时需要用特制的吊炉，通过上下两层火来使饼坯的两面同时受热，这样烤成的饼色泽美观、口味绵甜、入口即化、老少皆宜，是当地人们走亲访友的馈赠佳品。

源自商代的点心：闻喜煮饼

闻喜县地处晋南，隶属于山西省运城市，古称桐乡，因汉武帝刘彻路过此地时，听闻汉军平定南越取得大捷，大喜过望，而赐此地名为“闻喜”。在闻喜出产有一种点心，那就是煮饼。如果一个人只听到这个名称而没有亲眼见过煮饼的话，肯定不会把它和糕点联系起来，人们往往会想，怎么还会有煮制的点心呢？亲眼见过后还是不能相信自己的眼睛，那一个个沾满芝麻的小圆球看着也不像煮过的啊。原来在晋南的方言中，用油炸制食品不叫“油炸”，而叫作“煮”，所以这种经过油炸的小点心在当地就被称作煮饼了。

闻喜煮饼的主要原料为面粉、蜂蜜、小磨香油、糖稀及红糖、白糖等，其外表粘满白芝麻，内包饼馅，掰成两半后能够拉出二三寸长的蜜丝，尝起来表皮松软、甜味纯正，还带有芝麻的芳香，越嚼味道越浓，余香不尽，可存放几个月而色、香、味不变。

别看这么一个小小的点心，它的历史可有三千多年了，其历史可以追溯到商代。传说商朝末年纣王无道，惹得天怒人怨。周武王顺天意而伐纣，率领军队向商朝国都朝歌进发。纣王派太师闻仲出征应战，为了加快行军速度，减少埋锅造饭的

闻喜煮饼

时间，闻仲设计了一种军粮，用饴糖与炒熟的谷粉掺和起来做成糖饼分发给士兵。由于这种糖饼便于携带，宜储存，热量高，很适合行军作战，可以说这就是煮饼的雏形。此后，民间效仿这种糖饼的制作方法，工艺上不断改良，精工细作，配料上优中选优，才使煮饼成为今天的样子。

煮饼能够从闻喜一带产生和发展，和当地独特的地理特征是分不开的。就原料来说，运城一带广泛种植小麦，盛产白面，周边气候四季分明，阳光充足，雨量适中，无霜期长，花类齐全，盛产各种蜂蜜且质量上乘，地下水中含有适量的碱质，用碱水和面做出的煮饼沙而不散，风味独特，再加上当地上好的芝麻和香油，使得煮饼在这里发扬光大也就不足为奇了。

到了清道光年间，闻喜外出经商的人很多，很快便将煮饼

这个极具地方特色的食品带向全国。据《山西资料汇编》记载，清嘉庆年间至抗日战争前夕，闻喜煮饼远销至天津、上海、武汉、广州等地，当时晋南各县和各大集镇凡经营杂货、食品、粮油的大小商店，差不多门前都悬挂有“闻喜煮饼”的招牌，就连鲁迅先生也曾提着闻喜的煮饼去看望朋友呢。

让韩愈赞不绝口的寿阳茶食

曾有谚语说道：“开门七件事，柴米油盐酱醋茶。”说的是与老百姓生活息息相关的几样东西。虽然茶作为最后一样，但是它在老百姓生活中的地位一点儿也不逊于其他方面。山西曾是全国重要的茶叶贸易集散中心，著名的“万里茶路”就是当年晋商开辟的。中国的茶文化“兴于唐，盛于宋”，在民间广泛传播，到了明清时期，人们更加追求品饮的艺术性，茶文化也发展到了新的高度。人们在饮茶时，往往会搭配一些点心作佐茶之用，一来可以缓解饮茶带来的饥饿感，二来可以增加品茶的层次感。而在山西寿阳，最为出名的佐茶点心就要数茶食了。这种点心状如酥皮月饼，约有二指厚，表皮金黄，外酥里绵，食之香甜可口。

寿阳茶食以太安驿镇所产最佳。太安驿是一个古驿站，位于京陕官道上，是过去北京前往太原、西安等地的必经之路，

寿阳茶食

名人墨客时常往来于此，留下了不少动人的故事。话说这寿阳茶食的出名与唐宋八大家之一的韩愈还有关系呢。据记载，唐长庆二年（822 年），时任兵部侍郎的韩愈单枪匹马赴镇州（今河北正定）安抚乱军，宣扬政令，在途经寿阳时已天色不早，只好在太安驿歇宿一晚。由于白天翻山越岭忙着赶路，韩愈早已饥肠辘辘，于是急令驿官摆饭。驿官先给韩愈端来一杯茶，但是由于时辰已晚，没法采办喝茶时吃的点心，在驿官一筹莫展之时，正好有人急中生智，用中午制作烙饼所剩的面团包裹了点糖馅，做成饼的形状，用鏊子烤得两面焦黄后端给了韩愈。韩愈看着黄澄澄的饼子随口问道，这是什么点心？驿站的人说，是为大人喝茶而专门制作的食物。韩愈随口应道："噢，茶食。"拿起一个品尝后感觉香甜可口，和面前这一盏香茶真是绝配，于是大加赞赏，还写了一首诗："风景欲动别长安，及到边城特别寒。不见园花兼巷柳，马前唯有月团团。”现在，寿阳太安驿镇仍保存着刻有此诗的石碑，碑文落款为“长安长庆二年文次寿阳驿”。

现在在寿阳当地仍将这种包糖馅的面饼称为“茶食”，在婚嫁、喜庆之时，每每以其待客，或作为馈赠礼品，或作为祭祖敬神供品，成为一种礼节的标志，寄托着当地人深厚的情感。

保质期超长的月饼：神池月饼

月饼是中秋时节的传统节日食品，在中秋节那天赏月、吃月饼是非常古老的习俗，人们用它来祭拜月亮，馈赠亲友，期望着全家平安与团圆。由于过去月饼不易保存，一般来说，中秋节后就很少有人家再做月饼了。但在山西的神池，这里做出的月饼能储存数月乃至一年以上，当地人还把月饼当作平时的干粮。这是什么原因呢？其实早在三百多年前，清朝的康熙皇帝也有同样的疑问。

康熙三十六年（1697年），康熙帝御驾亲征准噶尔部。大军从北京城出发，浩浩荡荡向西开进，十几天后便到了神池地界。农历二月二十四，队伍在义井村附近安营扎寨，这天恰逢义井村庙会，十里八乡的人们都聚集到此赶会，购买一些生产物资和生活用品，热闹非凡。康熙皇帝趁着军队驻扎之时，走到集市上去散散心。到了集市上，他发现一些赶会的人们自带干粮充饥，看上去很像月饼，不禁十分好奇。一打听，果然是在年前中秋时打下的月饼。康熙皇帝心里十分纳闷，这都半年多了，月饼还能吃？随行的当地官员看出了皇上的疑虑，赶紧解释其中缘由，其实这月饼和其他地方的月饼也没什么不同，只不过用了当地的神油和神水和面的缘故，做好的月饼随即放入陶罐中保存，就是放上几年都不会坏，味道如初。康熙皇帝听后半信半疑，当即命人取来一个，掰开一尝，确实酥软甜香，当即称绝。

这则故事在一定程度上反映了神池月饼悠久的制作历史和出众的品质，但其特殊的配料和独特的加工工艺才是神池月饼能够长期保存的秘诀。现在看来，当时官员所称的神水即是当地的岩溶泉水，神油就是当地产的胡麻油，这两样配料是正宗神池月饼里必不可少的。先说这水，神池当地水资源丰富，水质甘甜，富含各种微量元素，其县名就得之于此。据当地流传下来的明代《文昌祠记》记载:“宁武北距黄花岭，皆祟岭叠嶂，乌道虬盘。逾岭而下，自巅抵麓十五里，地少平，有水一泓，生于源，去无迹，旱不涸，雨不盈，鱼藻不生，名曰神池。”从现代的角度来看，此神池的水，实为地下水，故冬夏不涸。但在当时的人们看来，该池里的水旱季不干，雨季不

神池月饼

溢，的确非常神奇。再说这油，神池盛产胡麻，也就是亚麻。这种作物喜寒耐旱，适合生长在高寒干旱地区，多分布于我国的新疆、甘肃、宁夏、内蒙古以及山西、河北北部，因其生长地区在过去多为少数民族聚集地，所以也被称为胡麻。胡麻油在我国有着悠久的食用历史，富含亚油酸等营养物质，是一种经济实用的“深海鱼油”。

优质的深层岩溶水，加上纯净香浓的胡麻油，做出的月饼自然品质不一般。制作神池月饼还要用到熟面粉、白糖、核桃仁、花生仁、玫瑰、青红丝、芝麻等，配料简单易得，朴实无华，如此生产出的月饼香酥绵甜，油而不腻。除此之外，神池月饼的烤制方法也很特别，必须要是“上下火”。在过去可没有电烤箱这样的设备，聪明的劳动人民想出了这样的方法：即炉面放一铁板，下生炭火，上方用铁链悬挂一铁板，其上也生炭火，烤制时用人力将上方铁板来回移动，以控制火力。上下

神池月饼

火火力一定要适中，火力不足月饼还生，火力过旺月饼就焦，所以火候非常重要。旧时把制作月饼和烤制月饼的工匠称作师傅，由此不难看出其中的技术含量。

如今，神池月饼制作技艺已经被列入山西省非物质文化遗产名录，当地每年中秋都会举办神池月饼文化节，一个小小的月饼成为了当地一张亮丽的名片。

晋式月饼的代表：郭杜林月饼

郭杜林月饼是晋式月饼的代表，以其“酥、绵、甜、香”的独特口感赢得了人们的喜爱。

关于郭杜林月饼的来历，有着这样一个传说：清康熙年间，太原城内开了一家点心铺，由三位师傅共同合伙经营，三位师傅分别姓郭、杜、林。小店前店后厂，制作的点心特别受

欢迎，生意非常红火。有一年中秋临近，点心铺里忙得不可开交，三人更是从早忙到晚。由于连日的劳累，再加上晚饭时喝了点酒，酒劲发作，三人沉沉睡去。等到醒来时发现大事不好，先前和好准备做月饼的面已经发酵了。重新和面是来不及了，郭姓师傅急中生智，指挥二人急忙往发酵的面中掺和生面，希望通过这种方法来补救过失。在掺和生面时三人的心情都很忐忑，毕竟这次的制作工艺与原先有所不同，万一砸了小店牌子怎么办。等到月饼烤出来后，三人先尝了一尝，觉得味道还过得去，这才拿到前边摊上去出售。没料想这批月饼一经上市就受到广泛追捧，人们纷纷前来抢购。从此，以这种工艺制作的月饼便在市场上流行开来，成为中秋节独具特色的食品。后来人们为了纪念这三位师傅，便把这种月饼称为“郭杜林月饼”。

郭杜林月饼

郭杜林月饼主要配料为小麦粉、胡麻油、绵白糖、桂花、花生、芝麻、瓜子仁、青红丝等，用料丰富，层次感鲜明。月饼皮用的是发酵过的面粉，使月饼口味更加绵软醇厚。在月饼制作过程中揉面最为讲究，后人总结出一种融按、揉、推为一体的揉面技艺，俗称“太极手”。在月饼烘烤时，烘烤火候完全依赖人工控制，烘烤师傅通过用眼观察、湿手入炉等传统经验调节炉温。在月饼入炉前，先在饼面上刷一遍糖浆，烤至微黄后还要再刷一遍，然后继续烘烤，使得月饼出炉后色泽金黄发亮，散发出浓郁的芝麻与玫瑰香味。在郭杜林月饼的制作工序最后，还有一步特殊的工艺，那就是储存。因为刚出炉的成品皮硬馅软，口感远未达到最佳，待其冷却后码在陶瓷坛罐中存放一个月左右，可以达到皮酥、馅绵、香酥一致的最佳口感。

郭杜林月饼的制作过程集中体现了我国北方传统月饼的制作技艺，具有悠久而深厚的历史，现已入选国家级非物质文化遗产名录。如今，百年老字号“双合成”已将郭杜林月饼的制作技艺继承下来并发扬光大，为其发展、延续做出了重要贡献。

钟楼街上的网红：老鼠窟元宵

在太原钟楼街有一家百年老字号，名为“恒义诚甜食店”，这里经营的元宵皮薄馅满，细韧绵软，香甜可口，成为太原城

里颇有名气的甜点。

这老字号“恒义诚”原本是钟楼街上的一家肉铺，要说为何改卖元宵，还得从一个人说起。在20世纪20年代，太原钟楼街有位名叫申三货的小伙子，由于家境贫寒，他十六七岁就在附近给人家打短工。申三货虽文化水平不高，但为人忠厚老实，干起活儿来很卖力气，不少店铺都愿意雇用他。在每年元宵节或中秋节将至之时，一些食品店往往忙得不可开交，总会请他来帮忙。他除了在店里做些杂活外，一有空就观察师傅们的手艺，学着怎样制作。师傅们看到他诚心好学，也会传授他一些制作工艺。时间久了，他掌握了不少食品制作的技术，闲来无事时也会在自己住处小试一番。给别人打短工毕竟不是长久之计，渐渐地，他推掉了短工的差事，利用自己在食品店里学到的技艺，做些食品到街上挑担叫卖。人们看到他做的食品有模有样的，都愿意过来捧场。尤其是他做的元宵馅大皮薄、雪白软糯，吃起来香甜可口、与众不同，很受大家欢迎，人们都赞美他做的元宵别具风味。申三货这个小伙子也很勤劳，从选料、浸米、配馅、滚制都亲自动手操作。就这样日复一日，年复一年，由于东西做得好，价格也公道，他的小摊名气越来越大，销量也日渐增加。

1937年，位于钟楼街上的“恒义诚肉铺”由于生意萧条，亏损严重，原来的掌柜计划将铺面转让出去。这时申三货的生意日渐兴隆，正想接个门面扩大营业，于是和原先的掌柜谈妥，将“恒义诚肉铺”的三间门面盘过来，更名为“恒义诚甜食店”，前店后厂，现做现卖，生熟皆售，继续经营风味独特的元宵。每逢客人买些生元宵带走时，伙计们便会替顾客包装妥当，并在包装上附一块印有“申记元宵、老鼠窟口”字迹的红纸，打出了自己的招牌。慢慢的，购买者越来越多，因该店紧邻老鼠窟巷口，人们逐渐称其为老鼠窟元宵。由此“老鼠窟元宵”渐渐被人叫开，其本名申记元宵却没有几个人记得了。

自从接下“恒义诚”的门面后，申三货没有丝毫的放松，在元宵的制作上更加精益求精。他一再告诫家人和伙计们：“若要富，开久铺。”意思是说做生意要顾及长远，万万不能目光

老鼠窟元宵

短浅，尤其是在产品质量方面，要坚持“信誉第一，诚信经营”。多年来，老鼠窟元宵一直采用晋祠的江米，上好的桂花、玫瑰为原料，采用传统手工制作，元宵皮儿黏中有绵，馅儿甜中带香，色泽洁白鲜亮，一直保持着原先的风味。

现在，平日里老鼠窟的元宵就是太原人餐桌上不可或缺的甜点，到了元宵节期间，生意更是红火，店门口总会排起长队，元宵供不应求。凡是来太原走亲访友或是旅游的人们，都会慕名前去品尝一番。

风靡河东大地的南式细点：福同惠点心

说起山西经营点心的店铺，一般人们最先想到的当数双合成，但是在山西运城，这里人们最认可的还是当地的老字号——福同惠，其生产的糕点在当地享有很高声誉，畅销于周边地区。

要说这福同惠点心，可不是山西人发明的，而是另有其人。乾隆末年，江苏吴江人吴耕耘十年苦读，终于金榜题名，朝廷给了他个山西河东道候补道台的位置，于是他带着妻儿家仆，从江苏一路来到山西，等候补缺。随他一同来山西的仆役中，有一位名叫吕广福的厨子，是吴耕耘请来的家厨，做的一手不错的淮扬菜，吴耕耘请他来为的是将来宴请宾客时露上一手，也算是结交当地官绅的重要手段。结果等了一年多也没有等到实授，眼看银两将要用完，吴耕耘开始犯起了愁。这时，自幼学过糕点制作的吕广福建议，不妨试做一些江南风味糕点到街上出售以补贴家用。吴耕耘深知这样做很不体面，但也没有其他好的办法，只好长叹一声，决定按照家厨的建议试上一试。当即与吴夫人在当地精选配料，和吕广福等人一同按照江南细点的做法精工细作，做成之后拿到街上去卖。结果当地人没有见过这样精致的点心，购买的人络绎不绝，人们都想尝尝这江南点心的味道，点心很快被抢购一空，一连几天都是如此。开市大吉，全家都欢喜异常。思虑万千之后，这位吴老爷决定弃官不做，专门经营这点心生意了。于是他利用剩余的盘缠，盘下了几间临街铺面，又从苏州请来几位糕点师傅，根据当地人的喜好调整配方，创制出了既保留南方特色，又适合北方口味的“南式细点”。这“南式细点”选料精良，配方考究，加工精细，成品细腻。区别于山西其他地方的糕点，福同惠的点心就突出一个“细”字，做成的点心不仅造型逼真，而且色味俱佳。比如福同惠的牡丹酥，花瓣层次分明、含苞怒放、色泽美观、清丽典雅，给人以视觉美感，品尝一口更是味蕾的享受。从此以后，这融合了南北特色的点心铺算是在河东大地上站稳了脚跟。

第二年的中秋佳节，辛苦了一天，吴耕耘邀请师傅伙计们一起赏月，欢叙一番之后，吴耕耘向大家深施一礼，说道：“自

菊花酥

三花酥

天鹅蛋酥

灯笼酥

对花酥

百合酥

红翻毛酥

双十字酥

黄翻毛酥

小店开业以来，生意蒸蒸日上，离不开各位的群策群力，我看今后咱们这点心铺就分成几股，所得红利就按股分成，我得四成，你们大家得六成如何？”众人忙站起来说：“不成！不成！大人是东家，本钱是您出的，心是您操的，何况夫人和小姐的功劳更大，理应您得大头才是！”双方你推我让，一时相持不下。这时候，吴夫人笑着劝道：“大家别再推让了，各位师傅都为小店出了力，我们应该有福同享，共受其惠啊！”师傅们见二人确是诚心诚意，也就不再推让，都思量着怎样才能把这个小店做得更好。吴耕耘又说：“如今小店的生意还不错，但一直没有个字号，夫人刚才说咱们大家要‘有福同享，共受其惠’，我看店名就叫‘福同惠’吧！”大家听后一齐拍手叫好，异口同声地说：“好！就叫福同惠！今后咱们都要同心同德，同苦同乐，方能同福同惠！”从那以后，“福同惠”的店名便流传至今了。

后来为了惠及大众，让附近百姓都能吃到福同惠的点心，福同惠的掌柜决定拆整零售，任客挑选，让仅持有一钱的百姓也能品尝到。百姓闻信，购买者络绎不绝，人们无不欢喜而来，满意而归。久而久之，“福同惠”的名气越来越大，传遍了整个河东地区。直至今天，运城周边百姓在探亲访友、逢年过节、婚丧寿诞、看望病人时都要选购“福同惠”的点心，不仅可以一饱口福，还期望从中沾福受惠。

香醇佳酿

酿造是利用发酵作用制作酒、醋、酱油的技术。在酿造过程中，产品的品质固然离不开人们的辛勤劳作，但更得益于气候、温度、湿度、水等条件。山西有着得天独厚的环境优势，从上古时期就有了酿造的历史。时至今日，山西的酒和醋依然是极富盛名的地方特产。

国酒之源、清香之祖、文化之根：汾酒

“清明时节雨纷纷，路上行人欲断魂。借问酒家何处有？牧童遥指杏花村。”这首唐代大诗人杜牧所作的《清明》一诗流传千年，想必人人都能吟上两句，其中牧童遥指的“杏花村”，便是今天山西汾阳的杏花村。这里在古时候遍地是酿酒作坊，几乎家家都在酿酒。早在南北朝时期，这里出产的“汾清”就作为宫廷御酒受到北齐皇帝高湛的青睐，被载入了二十四史。直到今天，汾阳仍是著名的酒都，闻名遐迩的汾酒就出产于此。

汾酒是我国清香型白酒的代表。所谓清香型白酒，其特点为清香纯正、醇甜柔和、自然协调、余味爽净。汾酒的制造工艺精湛，源远流长，素以入口绵、落口甜、饮后余香、回味悠长而著称，其酒力强劲而无刺激性，饮后使人心悦神怡。

作为中国十大名酒之首，汾酒享誉千载而盛名不衰，这与

汾酒酿制

汾酒于1915年巴拿马万国博览会上所获得的甲等大奖章

其优质的原料和精湛的酿造工艺紧密相关。首先酿酒的水质要好，水质好自然酿出的酒好。但凡出产名酒的地方都有好的水源，全国各地概莫能外。杏花村背靠吕梁山，跑马神泉和古井泉水在此露头，成为历史上酿制汾酒的主要水源。现代科学研究表明：汾阳一带地下水相当丰富，水质清冽甘甜，富含锶、钙、钼、锌、碘、铁、镁等微量元素，原本就是优质的天然矿泉水，不仅利于酿酒，而且对人体有较好的医疗保健作用。当然，仅仅有了好水是不够的，还得有好粮食。酿造汾酒的粮食选用的是晋中平原的“一把抓”高粱，这种高粱粒大颗匀、色鲜皮薄、适口性好、营养价值高，酿出的白酒具有特殊芳香。在汾酒酿制时，先用大麦、豌豆制成糖化发酵剂，再采用“清蒸二次清”的独特酿造工艺，这样所酿成的酒液莹澈透明，清香馥郁，入口香绵甜润、醇厚爽冽。另外酿酒师傅的经验在酿造过程中也起着至关重要的作用，像制曲、发酵、蒸馏等工序就十分考验酿酒师傅的个人技术。千百年来，这种技能以口传心领、师徒相沿的方式代代传承，并不断得到创新和发展，在现代汾酒酿造过程中仍起着不可替代的关键作用。

说起来，汾酒可是中国酒业的鼻祖，现在的茅台酒就与汾酒颇有渊源。康熙年间，有一个山西商人到贵州茅台镇一带经商，这位商人是山西汾州府人士，喜爱吃饭时小酌两杯。一天，他从山西带来的酒喝完了，只好从当地酒馆打酒来喝。酒打回来后，一入口只觉得辛辣无比，很不是味道。这位商人实在喝不惯当地的酒，等到第二年再到茅台镇时，便从山西带着酒工和酒曲一道而来，按照汾酒的酿制方法做起酒来。经过酒工们几蒸几煮，酿出的酒酒液纯正，香气袭人。然而，茅台镇的酿酒环境毕竟无法跟山西相比，发酵的容器也较为简单，酿出的酒清香不足，却有一股酱香味儿。但恰恰是这股酱香味儿成就了一代名酒——贵州茅台酒。当时，人们把这种在茅台镇当地酿制的“汾酒”叫作“杏花茅台”，又叫作“花茅”。

作为世界级的名酒，汾酒于1915年在美国旧金山举办的巴拿马万国博览会上展出，就是在这次盛会上，汾酒一举夺得甲等大奖章，这是我国参展白酒的最高荣誉。1949年，在开国大典前夕，汾酒又作为国宴用酒见证了中华人民共和国的诞生。悠久的酿造历史，清香纯正的口感，让汾酒成为我国白酒中的佼佼者，不愧为国酒之源、清香之祖、文化之根。

独具风味的保健酒：竹叶青酒

竹叶青酒作为中国最早的保健酒，其历史可追溯到南北朝时期。当时南朝的梁简文帝萧纲对此酒留有“兰羞荐俎，竹酒澄芬”的诗句，可见竹叶青在很早以前就进入宫廷，受到皇帝的青睐。北周文学家庾信也在《春日离合诗二首》一诗中留下了“三春竹叶酒，一曲鹍鸡弦”的佳句。在当时，这种酒被人们称为“竹叶酒”，制作工序也较为简单，仅仅是以黄酒加竹叶合酿配制而成，但其清醇甜美的口感和养生保健的功效很早就被人们所熟知。

关于竹叶青酒的起源还有个有趣的故事。很早以前，杏花村的酒行每年都会举行一次品酒会，各个酒坊都会把自己过去一年酿出的酒拿出来让大家品评，看看哪家酒坊的酒酿得最好。有一家酒坊的酒总是名落孙山，每次都会弄得掌柜脸上无光。又到一年的品酒会，掌柜对自家酒的好赖心里有数，便让两个伙计抬着自家的酒在后面慢慢地走，省得去得早了人们尝过后嘲笑自己。正值酷暑时节，天气酷热，酒坛沉重，两个伙计抬着酒坛累得满头大汗，干渴难忍，正好前面有片竹林，两人便抬着酒坛前往竹林乘凉。其中一位伙计说道：“也不知咱们今年酿的酒味道怎么样。”另一位伙计说：“要不咱们先尝尝？”

于是二人打开酒坛，用竹叶折成酒杯的形状，一人一杯地喝了起来。虽然这次酿的酒还是没什么起色，但也十分解渴，二人索性喝了个痛快。不知不觉间酒劲发作，两人渐渐沉睡过去，过了好久才悠悠醒转。正当二人打算抬着酒坛继续赶路时，忽觉酒坛轻了不少，这才意识到酒已被喝去大半，倘若掌柜发现酒坛里的酒少了这么多，定要重重责罚，这可如何是好？其中一个伙计说："没关系，咱们继续往前走，到前面找个泉眼掺上些水就行了，反正咱们的酒做得一般。"于是二人继续抬着酒坛赶路。走了一阵发现路边不远有一汪泉水，眼见四处无人，二人放下酒坛，打开盖子，用竹叶一捧一捧地把泉水舀进去，等灌得差不多了再封上盖子继续赶路。

在这边的品酒会上，大家已经酒过三巡，谁家的酒酿得怎么样大家都心里有了数，只是迟迟不见这家酒坊的酒，掌柜的急得直跺脚。正在此时，两位伙计满头大汗地把酒坛抬进了场地。人们看到这最后一家酒坊的酒刚刚送来，便一股脑儿地围了上去，其中一位拿起酒盏，直接从坛里舀了一盏喝了起来，喝完以后他顿时愣住了，这家酒坊的酒与往年的味道大不一样。接着其余的人都纷纷从坛中取酒来尝，大家尝过后觉得这家酒坊今年酿的酒果然奇怪，只见酒盏中翠绿带着金黄，入口后清洌中带着甘甜，一致推举这家酒坊的酒为酒魁。

这下可把掌柜搞糊涂了，本来自己也不看好的酒怎么会被大家看重呢？他走上前去，亲自舀了一杯后一尝，感觉这酒不像是自己当初酿成的味道，心里疑惑更大了。品酒会后，掌柜询问两个伙计原因所在。伙计们不敢隐瞒，只好照实说了事情的来龙去脉。之后掌柜找到那汪清泉，看到这里风景宜人，泉水甘甜，不禁暗自感叹，真是一块酿酒的好地方。后来，掌柜出钱把这片地皮买下，把酒坊也搬了过来，同时又在酿造技艺上苦下功夫，终于酿出了好酒。因酒坊四周竹林茂密，酒色翠绿，于是掌柜给此酒取名“竹叶青”，这就是竹叶青酒的来历。

相传，我们今天喝到的竹叶青酒的配方是明末清初山西名士傅山先生改进并流传至今的。傅山先生是一位博学多才的大学问家，集诗、书、文、医于一身，他将良药加于美酒，使酿出的酒不仅味道芳醇，医治疾病的疗效也显著提高。到了近代，人们进一步提炼工艺，以优质汾酒为基酒，再配以若干味名贵药材，制出的竹叶青酒保健效果更佳。在这里不得不提到一个人，这就是当时中国最顶级的酿酒大师，山西著名酿酒作坊“义泉泳”的掌柜——杨德龄老先生。杨老先生从事汾酒酿造六十多年，是真正的“汾酒通”。自 1904 年起，他带领伙计们大规模研制药酒、果露酒，先后试制成功“葡萄”“玫瑰”“桂花”“白玉”“状元红”“竹叶青”等十余种低度配制汾酒露，竹叶青酒的生产工艺就是在这个时期再一次改良的。

现在的竹叶青酒在保留了当年特色的基础上，又添加了砂仁、当归、陈皮、公丁香等十余种中药材，再与冰糖、蛋清等原料搭配，精制酿造而成。其色泽金黄透明而微带青碧，芳香醇厚，入口甜绵温和，余味无穷，具有性平暖胃、舒肝益脾、活血补血、顺气除烦、消食生津、调节免疫、延缓衰老之功效。

中国最早的葡萄酒：清徐葡萄酒

一说起葡萄酒，大家立马会想起唐代边塞诗人王翰的那首《凉州词》:“葡萄美酒夜光杯，欲饮琵琶马上催。醉卧沙场君莫笑，古来征战几人回？”在这首诗中，诗人描写了葡萄美酒的香醇与甘甜，让征战沙场的将军都忘记了战争的紧张与残酷。而作为并州晋阳（今山西太原）人，王翰自然深受家乡葡萄酒文化的熏陶。

要酿制葡萄美酒，离不开上好的葡萄。葡萄原产于南欧和西亚，由西汉时出使西域的张骞带回，引进后主要落户于新疆、甘肃一带。当时，有位梗阳（今清徐）马峪一带的商人在西北经营皮货生意，有次回乡，这名皮货商将葡萄枝条从边塞带回，人们将葡萄枝埋入土中，过了一阵子竟然成活，于是葡萄这一植物在清徐当地引种成功，因而山西的清徐县也成为内地最早种植葡萄的地方之一。不过，葡萄能落户于此，与清徐

得天独厚的地理条件是分不开的。清徐县地处汾河谷地，背靠吕梁山脉，属温带大陆性气候，由于当地的土壤疏松，光照充足，为葡萄的生长创造了得天独厚的条件。这里降水量适中，地下水资源极为丰富，适于灌溉。此外，清徐县海拔较高，昼夜温差大，非常利于葡萄的生长。所以清徐的葡萄也成了山西有名的特产，不仅外观质量好，还具有皮薄肉厚、色香味美的特点。郭兰英那句著名的唱词“平遥的牛肉太谷的饼，清徐的葡萄甜盈盈”，就是对清徐葡萄品质的最好诠释。

早在唐代，清徐葡萄就已享誉海内，极富盛名。在《新唐书》中，关于清徐葡萄有这样的记载：“太原平阳皆作葡萄干，货之四方。”而这里的鲜葡萄、葡萄酒、葡萄汁也声名远扬。由于种植葡萄较早，自然而然这里也成为中国最早酿造葡萄酒的地方。隋朝末年，李渊父子带兵驻守晋阳，当时李世民就特别钟爱这里的葡萄酒。据宋代的《太平御览》记载，在山西时，李氏父子不仅把清徐葡萄酒作为招待贵客的佳品，还亲自用这里的龙眼葡萄酿造葡萄酒。

宋代政治家、文学家司马光也曾在笔下对清徐葡萄酒多有描述。在他的文章中就有“山寒太行晓，水碧晋祠春，斋酿蒲萄熟，飞觞不厌频”的诗句。在元朝，清徐葡萄种植和酿酒已颇具规模。当时马可·波罗在元朝政府供职十七年，在他所著的《马可·波罗游记》中记录了大量自己当年在中国游历的所见所闻。在游历过太原后，他留下了这样的文字："出太原府，过桥三十里有大片葡萄园，还有很多酒……"现代科技史认为，中国葡萄酒酿造水平的顶峰恰恰是在元朝，但随着当时粮食酒的发酵和蒸馏技术日臻完善，蒸馏酒开始成为中国酿酒的主流。但是在清徐，葡萄酒的酿造却一直在持续进行。到了近代，为了发展民族工业，山西人张治平于1921年建立了新记益华酿酒公司，成为当时全国仅有的几家大规模生产葡萄酒的酒厂之一。建厂之初曾从法国进口酿酒设备，并建有储存葡萄酒的地窖，其产品有炼白酒、高红酒、白兰地、葡萄纯汁、葡萄烧酒等。抗战时期，清徐沦陷，公司遭到严重破坏。中华人民共和国成立后，该厂被收归国营并更名为山西清徐露酒厂。至20世纪90年代之前，该厂一直是我国七大葡萄酒厂之一，所生产的葡萄酒系列产品曾先后多次获得省、部级大奖，为我国葡萄酒业的发展做出了卓越贡献。

品尝清徐葡萄酒，最好使用玻璃高脚杯。酒液倒入杯中后，将杯身倾斜45度轻轻晃动，先观其色，再闻其香，最后浅酌一口，让酒液在口腔中停留，漫过每一个味蕾，慢慢体会这葡萄美酒无穷的余韵。

可延年益寿的滋补佳品：龟龄集酒

龟龄集酒为山西太谷的特产，是一种能够抗衰老、健体魄、补虚养颜、延年益寿的滋补药酒。炮制龟龄集酒离不开一种特别的中药，那就是被明、清两代朝廷奉为皇家至宝，距今已有五百年历史的“龟龄集”。

要说这“龟龄集”的来历，还得追溯到明朝中叶。相传嘉靖皇帝年轻时体弱多病，为挽救社稷，朝廷下令广招各地名医、征集长生不老之药方，为皇帝调养龙体。当时有邵元节、陶仲文两位方士总结多年行医心得，以《云笈七签》中老君益寿散为基础，集纳众多滋补良药，反复斟酌后精心配伍，制成益寿“仙丹”进献朝廷。嘉靖帝服用后果然身体日臻强健，遂将此丹奉为御用圣药，并为之赐名“龟龄集”，以示服之可与神龟齐龄。

陶仲文有个义子，原籍山西太谷，他在邵、陶二人指导下，平日在宫里专门为皇帝炼制龟龄集。邵、陶二人去世后，他便告老还乡，离开了皇宫。离开时将龟龄集处方悄悄带回，自己在家里升炼服用并馈赠亲友，于是宫廷至宝“龟龄集”便流落到山西太谷了。后来人们为了服用方便，又将龟龄集和白酒进行炮制，隔三岔五地饮用，以求强身健体之功效。到了清末民初，社会动乱，民生凋敝，龟龄集酒的生产也趋于停滞，制作工艺散于民间。

20 世纪 70 年代，位于山西太谷的山西中药厂在国家领导人和有关部门的支持下，经过广泛的查找考证，又经数年时间的研究，以现代科学方法进行方剂的组合、配伍，并用杏花村汾酒作为基酒，加入龟龄集后经长时间浸泡、勾兑、调香，再次试制成功龟龄集酒。经现代工艺生产的龟龄集酒酒质纯正，品到口中绵甜丰满，馥郁芳醇，齿颊留香，融软、绵、甘、香、洌为一体，其口感和保健功能相得益彰，一经问世即受到普遍欢迎。

龟龄集酒在市面上价格较高，主要是因为其原料珍贵且制作过程特别繁复。制作龟龄集酒需要人参、鹿茸、海马等二十多种珍贵药材，炮制时还需陈醋、花椒、黄酒、牛奶、蜂蜜、姜汁等多种辅料，经过煮、蒸、拌、爆、土埋、露夜等九十九道工序方可制成。龟龄集酒既秉承了龟龄集处方严谨、工艺精湛的特点，又使中药有效成分更容易被人体吸收，从而达到促进新陈代谢、增强免疫力的功效，堪称中医药宝库中一颗璀璨的明珠。

山西老陈醋酿制

老醯儿的命根子：山西老陈醋

山西老陈醋是山西省最具特色的地方传统名产，它的生产已有三千余年的历史，素有“天下第一醋”的盛誉，以色、香、醇、浓、酸五大特征著称于世。

山西老陈醋作为中国四大名醋之首，与其特殊的生产工艺是分不开的，在制作时需要蒸料、发酵、熏焙、水淋、晒醋五道工序，经过这五个步骤之后再对醋进行储存陈酿，时间越长醋香越浓，因而被称为“老陈醋”。中国的工业微生物学开拓

 晒醋

者方心芳先生曾专门对山西老陈醋的制作工艺进行了总结和肯定，并留下了这样的文字："我国之醋最著名者，首推山西醋与镇江醋。镇江醋酽而带药气，较山西醋稍逊一筹，盖上等山西醋之色泽、气味皆因陈放长久，醋之醒身起化学作用而生成，初非人工而伪制，不愧为我国名产。"在经过"夏伏晒""冬捞冰"的工序，也就是经夏天阳光的暴晒蒸发和冬天的捞冰抽水后，四五百斤一缸的新醋只剩下不到二百斤，因而具有颜色黑紫、气味清香、食之绵酸、酸而不涩的特点。

俗话说"久在山西住，哪能不吃醋"，山西人爱吃醋是全国闻名的。山西人喜欢吃各种面食，如拉面、擦面、削面、饸饹面、剔尖等，这些面食若用老陈醋来调味，既格外可口，又

易于消化。另外，山西人爱吃醋还有其特殊的地理和环境原因。山西很多地方的饮用水碱性较大，俗称“水硬”，多吃点醋对人健康有利。久而久之，醋就成了山西人的必备调味品。古时人们管醋叫作“醯”，把酿醋的人叫“醯人”，由于山西人对酿醋的特殊贡献，再加山西人嗜醋如命，故外省人戏称山西人为“老醯儿”。

现在，吃醋已成为山西人生活的一部分。即使不是土生土长的山西人，来山西居住一段时间后也会慢慢地爱上吃醋。山西老陈醋色泽酱红，食之绵、酸、香、甜，含有丰富的氨基酸、有机酸、糖类、维生素等，不仅是一种调味品，更是一种保健养生品。一方水土养一方人，无论山西人身处何方，老陈醋的浓郁香馥永远是山西人最为浓厚的乡土情结。

参考文献

杜福祥、谢帼明主编:《中国名食百科》，山西教育出版社，1988 年。

范川凤编著:《中国饮食习俗》，河北人民出版社，2013 年。

韩富科、孙永亮主编:《太谷饮食文化》，山西经济出版社，2010 年。

李彬:《山西民俗大观》，中国旅游出版社，1993 年。

宣炳善编著:《民间饮食习俗》，中国社会出版社，2008 年。

马明博、肖瑶选编:《舌尖上的中国——文化名家说名吃》，中国青年出版社，2012 年。

牛晓珉、田静波、庞卫坤:《山西民俗》，三晋出版社，2010 年。

王辉编著:《中国古代饮食》，中国商业出版社，2015 年。

王长信、亚飞编写:《山西面食》，山西科学技术出版社，1988 年。

温幸、薛麦喜主编:《山西民俗》，山西人民出版社，1991 年。

吴红霞:《山西民俗概论》，三晋出版社，2010 年。

张洪光、郭起云主编:《三晋传统饮食文化丛书》，山西科学技术出版社，1998 年。

后　记

山西表里河山，历史悠久，民俗文化资源丰富多样，地域特色十分明显。开展对山西民俗的研究，是我们在前期《山西文明史》研究基础上对山西文明研究的进一步细化与深入，这对于加强民俗文化资源的保护与利用，重塑山西精神，坚定文化自信，助推文旅融合，都具有积极意义。

《民俗山西》（共十册）于2016年5月立项并正式启动，由杨茂林担任学术指导及主编，董永刚具体负责组织实施，韩雪娇配合。该书在撰写上主要以社科院历史所人员为主，同时吸收了经济所、社会学所、语言所、原晋商研究中心、《五台山研究》编辑部等多位同志参与。由于该书内容庞杂、覆盖面广，为了尽可能做到材料详尽、史料准确，在编写过程中，项目组多次组织作者们分赴晋西北、晋南和晋东南等多地展开调研，并积极调动各方社会资源为书稿的编写提供线索和材料，有效地保证了项目的进度和质量。到2019年10月，全套初稿基本完成，但囿于撰写时间较短和作者专业不同的限制，书稿在写作风格、行文笔触、史料选取、图片使用及篇幅大小上存在明显不一，与最初设计有一定距离。为此，在杨茂林的统一指导下，我们又用了一年多时间，几经易稿，每一册书较前期都有大幅度的改动。直到2021年9月，整套丛书的修改和配图才基本完成并启动出版流程。难度不谓不大！

作为一套图文并茂的文化普及类图书，无论文字还是图片要求，与普通出版物有很大区别，尤其在图片的搜集和使用上，其困难超出我们的想象。为了得到好的图片资源，山西省考古研究院刘岩副院长、洪洞县文物旅游局刘慧副局长、黎城县民间文艺家协会李建华主席、商务印书馆薛亚娟女士、山西人民出版社席青女士等给予了我们很大支持。该丛书出版前夕，山西省书画院韩少辉院长欣然为本书题写了书名，在此，我们表示衷心感谢！同时也向在编写过程中给我们提供指导和提出建议的社会各界朋友表示诚挚的谢意！由于民俗图片要求特殊，本书在图片搜集过程中，也针对性地选取了几张源于图书和网络的图片，但未能与作者取得联系，为此，我们向作者表示歉意！必要情况下可以和出版社或本书作者取得联系。

编写此类图书是我们的第一次尝试，尽管我们付出了很多努力，但总难免有欠妥与谬误之处，恳请广大读者朋友及专家、学者提出宝贵意见和建议，以便改进我们的工作！

《民俗山西》编写组

2022年1月